DU PANTHÉISME.

DU

PANTHÉISME,

THÈSE DE PHILOSOPHIE

PRÉSENTÉE A LA FACULTÉ DES LETTRES DE STRASBOURG, ET SOUTENUE
PUBLIQUEMENT LE JEUDI 25 JUILLET 1839, A TROIS HEURES, POUR
OBTENIR LE GRADE DE DOCTEUR ÈS LETTRES.

PAR

L'ABBÉ ISIDORE GOSCHLER,

LICENCIÉ EN DROIT, LICENCIÉ ÈS LETTRES, EX-PROFESSEUR DE PHILOSOPHIE AU
COLLÉGE ROYAL DE BESANÇON ET AU PETIT SÉMINAIRE DE STRASBOURG.

Nec valet quisquam dicere: Hoc est recens.
(*Eccles.*, c. 1, v. 10.)

STRASBOURG,

IMPRIMERIE DE G. SILBERMANN, PLACE SAINT-THOMAS, 3.

1839.

A

M. L. BAUTAIN,

HOMMAGE

de reconnaissance et de respectueux attachement.

ISIDORE GOSCHLER.

PRÉSIDENT DE LA THÈSE :

M. BAUTAIN,

PROFESSEUR DE PHILOSOPHIE, DOYEN DE LA FACULTÉ DES LETTRES.

DU PANTHÉISME.

« Nec valet quisquam dicere :
hoc est recens. »
(*Eccles.*, c. I , v. 10.)

CHAPITRE PREMIER.

§ 1.

Le but de cette dissertation est de démontrer, Introduction.
par le fait, en consultant l'histoire de la philosophie
et ses œuvres, que hors la Doctrine fondée sur le
texte sacré, hors le Mosaïsme dans l'antiquité et le
Christianisme dans l'ère moderne, tous les systèmes
métaphysiques, quelque profonds, quelque brillants qu'ils soient, ont erré sur la première des vérités métaphysiques, l'*Être-Dieu ;* et que tous, en
tout temps, depuis l'origine de la philosophie humaine, qu'on pourrait dater de la confusion des
langues et des esprits dans la plaine de Sennaar, jusqu'à nos jours ; en tous lieux, dans les vallées des

Brahmes, sur les hauteurs des Parses, dans les sanctuaires de l'Égypte et les temples de la Grèce, du
Nil au Gange, de l'Indus au Rhin, tous ont abouti
à une erreur commune et fatale, qui non-seulement
rend leur doctrine métaphysique vaine, mais ren-
verse la morale et doit nécessairement arrêter le
progrès intellectuel dans la société qui admet cette
erreur et en réalise les conséquences : cette erreur
est le *Panthéisme*[1].

§ 2.

Définition.
Division.

Que faut-il entendre en général par doctrine panthéiste ?

Quel est le fond commun à toutes les doctrines
panthéistes ?

Quelles sont les formes diverses sous lesquelles
il se présente ?

Le Panthéisme, comme le mot l'indique, est le
système métaphysique d'après lequel *Dieu est tout*
ou *le tout*.

En prenant ces mots dans leur rigueur, Dieu est
à la fois le *Un* et l'*Universel*, Ἐν καὶ πᾶν, *Einheit
und Allheit*, comme disent les Allemands. Il est

---

[1] Tennemann dit que le panthéisme se trouve dans tous
les systèmes grecs, sauf quelques-uns, avec cette seule
différence, que les uns subordonnent la matière à Dieu,
les autres Dieu à la matière. *Histoire de la philosophie*,
t. I, p. 161. Le panthéisme est le système des plus anciens
philosophes de la nature. *Der Pantheismus, von* G. B. Jäsche.
Berlin 1828.

non-seulement l'Être des êtres, l'Être primordial, étant de lui, par lui et pour lui-même, Principe de toute existence et de toute réalité, sans lequel rien n'est, ni ne peut même être conçu : mais encore l'Être unique, hors et en face duquel n'est aucun être, nulle existence, nulle réalité en soi ; de telle sorte que l'homme, le monde et l'univers ne sont rien en eux-mêmes, ne sont que la divinité dans sa manifestation infinie ; car Dieu seul est et existe, lui seul est tout.

Dieu est le Un et le Tout : Ἐν καὶ πᾶν ; cette idée de l'unité dans l'universalité, de la totalité dans l'identité, se retrouve sous une forme double dans toutes les doctrines panthéistes. Suivant les unes le rapport de Dieu à l'univers est un rapport d'*immanence, un est tout ;* suivant les autres c'est un rapport d'*émanation, tout est un.*

<h2 style="text-align:center">§ 3.</h2>

Dans le premier cas, non-seulement toutes choses Immanence. ont leur origine en Dieu, mais l'être et la vie de toutes choses sont *permanents* en Dieu, ou Dieu est *permanent, immanent* en elles. L'Être est, il a été, il sera : il est infini et ne pose rien de fini hors de lui ; il est éternel et ne crée rien de temporaire : point de passage de l'absolu au contingent ; point de sortie du créé hors de l'incréé. Dieu est un tout clos et parfait, qui identifie tous les êtres dans la totalité et l'unité absolue, aujourd'hui et toujours, d'une manière immuable et éternelle. *Sans Dieu il n'est pas de monde, sans monde point de Dieu :* Dieu et le monde, l'univers et Dieu sont un et identiques, absolument et de toute éternité: toutes choses sont, existent, vivent et sont unies en Dieu, comme en leur substance, et n'obtiennent jamais d'être, de vie et d'existence véritable et substantielle en elles et pour elles ; car *Un est tout.*

<h2 style="text-align:center">§ 4.</h2>

Émanation.　　Dans le second cas, Dieu n'est pas un tout clos en lui-même, l'univers dans sa totalité : il est l'être primordial, se propageant par des générations successives qui émanent perpétuellement de lui, et qu'il embrasse dans son unité: *tout est un.* L'absolu est sorti de lui-même, l'infini a posé le fini distinct de lui, le $\pi\tilde{\alpha}\nu$ est progressivement sorti et sort continuellement du $\overset{\text{'}}{\epsilon}\nu$; tandis que dans le système de l'immanence le $\overset{\text{'}}{\epsilon}\nu$ ne peut être conçu sans le $\pi\tilde{\alpha}\nu$.

Dans la théorie de l'immanence, il n'y a que l'éternel, l'absolu, l'infini, le un, sans création, sans temps, sans histoire, sans existence individuelle; c'est le panthéisme strict et rigoureux, le *monisme.*

Dans la théorie de l'émanation, l'Éternel se développe dans le temps, l'Absolu se manifeste en des existences multiples et contingentes, l'Infini pose des êtres finis, l'Univers se fait et se parfait tous les jours, par le développement progressif de l'absolu dont la vie se réalise jusque dans les dernières molécules de la matière, pour se relever de cette réalisation grossière par une spiritualisation perpétuelle et se résoudre de nouveau en son principe. C'est le panthéisme *dualiste* : ici il y a un Dieu hors du monde et un monde hors de Dieu.

Ce *dualisme* néanmoins n'est qu'apparent : au fond il y a identité de Dieu et du monde.

En effet, Dieu, suivant le système de l'émanation, est le principe des choses qu'il pose par la nécessité de sa nature. Or, dit Kant, l'Être absolument nécessaire ne peut, par la nécessité de sa nature, rien manifester hors de lui qui ne soit aussi absolument nécessaire, nécessaire comme il est nécessaire, Dieu comme il est Dieu, qui ne soit non hors de lui, mais en lui, mais lui-même.

Ainsi Dieu par son évolution se faisant monde, Dieu émanant l'univers en se posant, lui, hors de lui, en manifestant ce qui est caché en lui, reste le principe immanent du monde, qui n'est que *l'objectivisation*, la manifestation de l'être, de la vie et de l'action de Dieu, que le Dieu révélant le Dieu caché, le Dieu explicite du Dieu implicite.

§ 5.

Dès lors, dans le second système comme dans le premier, il n'y a point de monde sans Dieu et point de Dieu sans monde. Il n'y a qu'un *tout indivis*. Seulement le premier n'admet ni succession, ni pro-

gression, ni manifestation périodique, tout *est* actuellement un et parfait. Le second au contraire pose
une sortie progressive de l'être qui, arrivé à son
plus haut terme de développement, épuisé en quelque sorte par sa progression, *parvient* à son complément, à sa perfection qui n'était que virtuelle
dans l'être non manifesté.

Mais de quelque manière que le panthéiste envi-
sage le rapport de Dieu et de l'univers, qu'il le con-
sidère comme un rapport d'immanence ou d'émanation, que l'univers soit Dieu ou que Dieu soit dans
l'univers, que le monde soit coéternel avec Dieu ou
que Dieu se pose éternellement dans le monde, qu'on
matérialise Dieu ou qu'on divinise la matière, que
un soit tout ou que tout soit un, le principe de *l'i-
dentité absolue* demeure au fond, et les conséquences
sont nécessairement les mêmes.

Parmi ces conséquences il en est une que nous
ferons ressortir ici, parce qu'elle caractérise parfaitement la doctrine dont elle découle. C'est que, si Dieu
est le principe nécessaire et non libre du monde,
il n'y a plus qu'une loi qui régit tout l'univers,
l'homme comme les mondes, c'est la loi aveugle de
la *fatalité*.

L'homme est posé fatalement par Dieu ; son développement propre est fatal comme son origine ;
son progrès nécessaire comme sa naissance, son
terme prédéterminé comme son point de départ ;
tout ce qui est, est parce que cela doit être et comme
cela doit être ; tout est bien, car tout est divin,

nécessaire, éternel. Plus de mal, plus de choix nécessaire, plus de liberté concevable; plus de respon-
sabilité possible, plus de dignité, plus de moralité,
plus de société humaine. Si Dieu est tout, tout est
Dieu; si je suis, je suis Dieu de Dieu, Dieu avec
Dieu; et ainsi je puis agir comme bon me semble,
ou plutôt je suis forcé d'agir comme j'agis, par cette
nécessité de nature qui fait que Dieu se manifeste
en moi et par moi, sous telles ou telles formes, tels
ou tels modes d'action et d'existence.

Dès lors panthéisme et fatalisme sont identiques;
nul panthéiste n'a pu échapper à cette rigoureuse
conséquence, qui seule juge et flétrit la doctrine
qui l'engendre [1].

§ 6.

Et comme toute doctrine se juge par ses fruits,
tout système métaphysique par ses conséquences
morales, c'est ici surtout que ressort la supériorité
de la Doctrine révélée sur les théories élaborées par
l'esprit humain.

Celle-là pose l'Être des êtres, Dieu, non comme
une force aveugle et fatale qui agit sans liberté,
procrée sans conscience, produit sans intelligence,
sans dessein, sans but, mais comme l'Être souverainement intelligent et libre, dont la volonté a déterminé le plan du monde et librement créé, par sa

[1] Tennemann, Tiedemann, Schlegel, Jäsche, ont très-
bien reconnu la rigueur de cette conséquence. Voy.
Jäsche, t. I, p. 52.

parole, en substance distincte de lui, le ciel et la terre. Elle dit que Dieu crée librement parce qu'il veut, et non qu'il procrée fatalement parce qu'il faut; elle dit que le monde est une création libre, *productus,* et non une émanation nécessaire de Dieu, *eductus ;* elle dit que c'est l'amour infini d'un Dieu libre qui a créé l'homme, le monde et ce qu'il renferme, et non l'aveugle fécondité de l'absolu qui a posé les existences de l'univers; que l'homme, image et ressemblance de son auteur, est libre à l'instar de son principe, libre de lui donner son amour ou de le lui refuser, libre d'accepter la lumière et la vie ou de les rejeter, libre de demeurer uni à Dieu ou de s'en séparer. Et c'est cette liberté, don aussi précieux que celui de la vie, qui est la clef de tous les mystères, le nœud de tous les problèmes, qui seule explique l'homme, sa nature, sa loi, sa fin; et comme hors de la doctrine de la *création* volontaire, que Moïse seul enseigne dans son admirable Genèse, la liberté n'est pas possible, n'est pas concevable; en dehors des livres sacrés nous ne trouvons que le fatalisme, conséquence nécessaire du panthéisme de toutes les doctrines humaines.

§ 7.

Origine
des doctrines
panthéistes.

Si l'humanité, instruite dès l'origine par la parole même de la vérité, était restée en rapport avec cette parole, jamais la science, dont elle est le principe, ne se serait altérée; et l'humanité, en se développant, aurait fait de continuels progrès dans la connaissance du Dieu de l'homme et de l'univers. Mais l'orgueilleuse infidélité de l'homme, cause de ses misères, fut aussi cause de son ignorance; et en se détournant de la source du bien et de la vie, il se détourna en même temps du foyer de la lumière et de la vérité. Un seul peuple conserva intacte et pure la doctrine sacrée transmise par ses pères, confirmée et fixée dans les écrits de son législateur inspiré. Chez ce peuple, l'idée du Dieu un, créateur du ciel et de la terre, fut, non pas scientifiquement comprise (et elle ne pouvait l'être encore), mais dogmatiquement enseignée et religieusement conservée. Et quand, par le penchant inné à l'homme de comprendre par sa raison et de concevoir dans les formes de son imagination ce qui dépasse l'une et l'autre, le peuple hébreu était près de tomber dans l'erreur, des révélations nouvelles lui rappelaient l'idée divine. A Morija, au puits de Jacob, au Sinaï, au mont Oreb, dans le sanctuaire de Sion, par la bouche des prophètes, la parole de Dieu se fit entendre, jusqu'au jour où Dieu lui-même, s'unissant à l'homme, apprit à l'homme ce qu'il ne peut apprendre que de Dieu.

Cette parole sacrée qui, par les patriarches, pères de toutes les nations, leur fut transmise comme un héritage céleste et le plus précieux patrimoine, s'altéra promptement par cela même que ces peuples, par leurs mœurs et leur vie, par leurs établissements et leurs conquêtes, se séparèrent et de de la source de la vérité et de la souche patriarchale, dépositaire de cette vérité divine. Cependant les hommes ne purent oublier Dieu ; car l'idée de Dieu est aussi nécessaire au développement intellectuel et moral de l'homme, que l'air est nécessaire à son existence physique. Mais ils oublièrent la voie qui mène à Dieu ; et au lieu de recevoir avec simplicité et confiance la parole éternelle, et d'en chercher la science par un rapport vivant et un commerce pratique avec son foyer, ils se mirent à commenter, à interpréter, à exploiter la parole anciennement reçue, tout en en méconnaissant l'auteur : l'orgueil fut substitué à la foi, la spéculation humaine à la doctrine révélée, la multiplicité des systèmes philosophiques à l'unité de la science sacrée. Or, lorsque les hommes se mirent à spéculer sur l'idée de Dieu pour la comprendre et la développer, les résultats de leurs spéculations furent divers suivant les instruments divers qu'ils employèrent pour exploiter l'idée divine, et il y eut autant de théories sur Dieu et l'univers qu'il y a dans l'homme de facultés par lesquelles il peut se mettre en rapport avec un objet pour le comprendre.

§ 8.

Cinq formes
principales
du panthéisme.

De là les diverses formes sous lesquelles le panthéisme se présente dans l'histoire de la philosophie. Comme il y a dans l'homme cinq voies principales de connaissance dépendant de la direction que

prend son regard spirituel ; comme il peut observer
par les sens, ou se représenter par l'imagination,
méditer par la raison ou contempler par l'intelligence, ou enfin sentir profondément par l'âme ; il
y a eu cinq formes principales dont le panthéisme
s'est revêtu dans tous les temps, se manifestant plus
spécialement sous l'une ou l'autre, suivant les époques et les nations ; de là :

1° Le *panthéisme physique* ou matérialiste, comme
l'hylozoïsme des Ioniens, des Épicuriens, des Shivaïstes ;

2° Le *panthéisme imaginatif,* symbolique, poétique,
comme celui des doctrines les plus superficielles de
l'Orient et des mythologies de l'antiquité ;

3° Le *panthéisme rationnel,* logique, tel que celui
des Éléates, des Péripatétitiens, des Stoïciens en
Grèce, le Sankhya de l'Inde, le Spinosisme ;

4° Le *panthéisme intellectuel,* idéaliste, tel que celui des Brahmes, de la Cabale, du Platonisme, du
Gnosticisme, de l'Idéalisme moderne ;

5° Enfin le *panthéisme mystique,* tel que celui de
Bouddha, des Soffis de Perse, des faux mystiques
du moyen âge, des théosophes, des illuminés allemands.

§ 9.

Si l'homme, désireux de la science de Dieu, se Panthéisme
sent et vit surtout dans son âme et par elle, alors, mystique.
rentrant au fond de lui-même, se recueillant puis-
samment pour saisir dans sa plus profonde subjecti-

vité l'être qu'il cherche, il s'isole de ce qui l'entoure, se sépare du monde extérieur qui le distrait, de la société qui le trouble, il renonce aux voluptés et aux illusions des sens, aux joies et aux fantômes de l'imagination, à la gloire et à la vanité de la science, et s'efforce de vivre dans le sentiment pur et simple de la vie qu'il veut saisir dans son principe et sa nature.

Ainsi concentré en lui-même, se sentant lui en lui-même, fort, puissant, libre, immortel; se sentant dans toute l'énergie de son *moi* et confondant l'action de l'Être objectif qui l'a posé et le soutient, avec la réaction de son être propre qui y correspond, il déclare que l'Univers, le monde, les existences multiples ne sont que des illusions et des apparences, que Dieu seul est, c'est-à-dire l'Être un, pur et absolu, c'est-à-dire lui se sentant être, l'homme s'unissant à Dieu, étant en Dieu, identique avec Dieu, étant Dieu. Ici le *moi humain est divinisé*, c'est le panthéisme à son plus haut degré, c'est l'identité absolue des Indiens, c'est l'égoïsme transcendantal des modernes.

§ 10.

Panthéisme idéaliste. Si, vivant plus par l'intelligence que par le sentiment, par la vue que par le goût, l'homme cherche Dieu par les spéculations de l'esprit plus que par les expériences de l'âme; alors, la sphère de l'intelligence étant une sphère de lumière et de vérité, un monde d'idées, Dieu apparaît à l'homme comme l'archétype de toutes les idées, comme l'intelligence suprême, la vérité absolue, la lumière primordiale et universelle qui, en se manifestant dans sa splendeur et sa magnificence, pose les existences de l'univers comme autant de rayons de sa gloire, autant d'étincelles divines émanées de son foyer radieux, comme l'auréole éclatante de l'éternelle lumière. L'esprit de l'homme est le rayon primordial, le premier né de la lumière, lumière pure de la plus pure lumière, coéternel et consubstantiel avec le foyer dont il éradie perpétuellement sans en être jamais séparé... Et l'*intelligence humaine est divinisée ;* c'est le panthéisme au second degré, comme il apparaît dans la Trimurti des Védas, la Tétrade universelle de Pythagore, l'Adam-Cadmon de la Cabale, etc.

§ 11.

Si l'homme est posé surtout dans sa raison ; comme le travail de la raison consiste soit à élaborer les matériaux fournis par le monde sensible, soit à développer les idées nées du monde intelligible pour en formuler des notions logiques, des signes abstraits, et que la raison ne saisit ni la vérité intellectuelle ni la réalité sensible ; l'idée de Dieu devient pour elle une notion générale et abstraite, la notion de principe, de cause, de substance, d'être ; et puisque toutes choses supposent leur cause, toutes supposent Dieu qui n'existe que pour et dans la raison

capable de concevoir la possibilité de cette cause,
et de s'élever à cette notion générale par l'abstraction de tous les phénomènes, de tous les accidents,
de toutes les modifications. C'est donc l'homme qui
fait Dieu par sa pensée, qui extrait Dieu de toutes
les existences par la force de son esprit, qui en formule la notion et en invente le nom, c'est la raison
qui est le Dieu du monde... *La raison humaine est
divinisée;* troisième degré du panthéisme; c'est le
Dieu-pensée de Parménide, le Dieu-raison du Portique, la première catégorie d'Aristote, la Raison absolue ou *humanitaire* des modernes.

§ 12.

Panthéisme
imaginatif.

L'homme d'imagination se complaît dans les fantômes et les images, dans les mythes et les symboles,
dans les allégories et les fables qui reproduisent
sous mille couleurs brillantes les réalités du monde.
L'imagination ne cherche et n'aime, ne saisit et ne
comprend que la beauté et l'harmonie. Dès lors
l'idée de Dieu apparaît à l'homme comme l'idéal de
la beauté, objet de son amour et de ses recherches.
Dieu est partout où le beau se montre, partout où
se rencontre la grâce des formes, l'harmonie des
contours, des nombres et des proportions; tout est
divin, et la nature dans ses brillants phénomènes,
et l'art dans ses étonnantes merveilles, et le poëte
dans son enthousiasme, et surtout cette fille des
dieux, cette céleste *fantaisie* qui fait le poëte et

l'artiste, qui embellit la nature muette, sans elle, qui vivifie la toile et la pierre... L'*imagination est divinisée* avec ses produits, et alors naît le panthéisme mythologique, l'olympe et ses dieux, Wischnou et ses Devas et Devanis, et les fées du moyen âge et les Sylphes et les Salamandres et les Farfadets.

§ 13.

Pour l'homme grossier, pour l'homme de la matière, qui ne sent, ne voit et ne comprend que ce qui frappe ses sens, ce qui le touche dans ses organes, ce qui l'ébranle dans son corps, son Dieu, s'il en reconnaît un, c'est la *force*. Dieu se révèle par les éléments de la nature, par les forces physiques, par les puissances de la vie élémentaire; et tour à tour le feu, l'air, l'eau, la terre deviennent le Dieu de l'univers, le producteur de toutes choses. Alors apparaît le polythéisme grossier, le Shivaïsme, le fétichisme de l'Inde et de l'Égypte, la théogonie mécanique d'Hésiode, l'hylozoïsme de la Grèce, les atomes d'Épicure, le matérialisme de tous les temps.

Panthéisme matérialiste.

CHAPITRE II.

§ 14.

On serait porté à croire, d'après les données vulgaires et les opinions généralement reçues, que la

Panthéisme dans l'Orient.

doctrine panthéiste qui voit Dieu dans les éléments de la nature est la plus ancienne des doctrines métaphysiques; et que le polythéisme grossier,
l'idolâtrie matérielle s'est spiritualisée par des épu-
rations successives pour prendre un caractère plus
rationnel et plus philosophique. Il n'en est point
ainsi; car si d'un côté nous trouvons, à l'origine des
sociétés humaines, la doctrine la plus pure sur
Dieu, dans le sein de la nation choisie, dépositaire des révélations divines; de l'autre côté,
dans les grandes sociétés qui se sont détachées de la
famille primitive et successivement constituées en
Orient, chez les Indous, les Perses, les Chinois, les
Égyptiens, nous trouvons les théories les plus hautes
et les plus spiritualistes, le panthéisme le plus profond et le plus idéaliste qui ait jamais été conçu par
les hommes. En rapport encore actuel, pour ainsi
dire, dans leur origine, avec la famille normale
dont elles avaient reçu les hautes traditions, c'est
sur ces traditions que les grandes monarchies orientales fondèrent leurs systèmes religieux. C'est ce
fond traditionnel que les doctrines de l'antique
Orient développèrent avec un luxe prodigieux de
connaissances, une grande profondeur de vues et
une merveilleuse richesse de poésie. Ce ne fut que
plus tard et à mesure que les traditions primitives
s'effacèrent, que les doctrines devinrent plus grossières et que le polythéisme vulgaire s'établit et se
propagea. Le Shivaïsme ne fut que la matérialisa-
tion du Brahmisme, et le Buddhisme fut une réac-

tion spiritualiste contre cette dégradation de la religion des ancêtres. Les prêtres égyptiens conservèrent longtemps dans leurs sanctuaires la clef des mystères dont ils ne livraient au peuple que la figure et l'hiéroglyphe ; et la grossière idolâtrie des habitants du Nil fut de longtemps postérieure aux savantes spéculations des initiés de Thèbes et de Memphis.

§ 15.

Cinq doctrines principales ou plutôt cinq sectes religieuses divisent, dans leur croyance, les peuples nombreux qui habitent la presqu'île de l'Inde, et chacune d'elles présente un système complet de panthéisme, avec des formes diverses, dépendant du point de vue spirituel ou grossier dont elles partent ; profond et mystique dans le *Buddhisme,* intelligent et scientifique dans le *Brahmisme,* rationnel et logique dans la philosophie du *Sankhya,* imaginatif et mythologique dans le *Wischnouïsme,* matérialiste, polythéiste enfin dans le *Shiwaïsme.*

§ 16.

Dieu, dit Buddha, est le premier et le dernier principe, l'alpha et l'oméga de l'univers[1].

Brahm se manifeste en se posant dans la multi-

[1] Jäsche, p. 48, t. II. *Das alte Indien ,* von Dr von Bohlen. Kœnigsberg, 1830, t. I, p. 306. Fr. Schlegel, *Ueber die Sprache und Weisheit der Indier.*

plicité des créatures; il se révèle dans le monde qui
est sa forme, par sa puissance formatrice qui est
Maya. Il est et demeure immuable dans les formes
qui le manifestent, un et le même en tout, en même
temps que visible partout, comme l'or façonné de
mille manières est toujours or, comme le fil est toujours fil dans les tissus qu'il compose. Ainsi Brahm,
dans les créatures, s'enlace, s'enveloppe, se tisse, se
formule en mille manières d'être, sans cesser d'être
Lui. Les formes passent et Lui reste : les corps apparaissent et disparaissent, Lui seul demeure : les créatures sont soumises à une perpétuelle vicissitude de
naissance et de mort, Lui est éternel et immuable,
sans origine et sans terme : hors de Lui, il n'y a
donc qu'apparence, contingence, illusion.

L'homme qui contemple ce monde de formes et
leur existence apparente, ne voit que néant et mensonge, demeure dans la vanité et reste vanité lui-
même. Mais l'homme peut s'élever au-dessus des
phénomènes, au-dessus de l'instinct de la brute, des
doutes de la raison, des vues de l'intelligence; il
peut, en s'isolant, en se séparant de ce qui passe et
change, en rentrant au fond de lui-même, s'unir à
l'être pur, s'unir à Brahm[1].

[1] Exuere eum oportet sorditiem et squalorem fortè ei
adhærentem, dubitationes pravas spontè subnascentes,
atque instinctum è brutâ nostrâ naturâ prodeuntem. His
remotis impedimentis id, quod summum est, perficias;
cunctas universim cogitationes abjice atque expelle : tum
midi crede, dignaberis appulsu divino et omne tolletur

Arrivé à ce haut point de contemplation de l'Être, hors duquel rien n'est en soi, le sage, que n'atteignent plus les variations de ce monde, ne s'attache plus à rien, comme il ne se sépare de rien; il n'a plus ni crainte, ni joie, ni désir, ni activité, ni volonté, ni pensée; il n'y a plus pour lui ni jour ni nuit, ni moi ni toi, ni connu ni connaissant, tout s'évanouit... il n'est plus rien qu'Atma... Brahm est tout.

Alors, sachant et voulant Dieu seul, sachant qu'il n'y a rien hors Dieu, libéré de la multiplicité, séparé du monde, affranchi des illusions de Maya, il est *Un avec ce Un éternel*, il est identifié avec l'objet de ses recherches, un avec l'objet de sa science, il se connaît lui même dans son *ipséité*.

Arriver à cette union, à cette *unification*, c'est la science du vrai et de l'être, c'est le but de la vie, le terme que doit atteindre le sage. Les sages, ce sont les unitaristes, les *Kiani* qui n'ont plus à s'élever vers Brahm, *car ils sont eux-mêmes Brahm*[1].

cognitum inter et cognoscentem discrimen. Tholuck, *Sufismus*, p. 141 à 162 et seq.

[1] Noscat, cujus animus dubitationibus excruciatur, essentiam non esse nisi unicam; nam Deus solus, qui occultus occultans, simul atque præsens est, ille solus egoitate dignus, cujus ad *latus dualitas nulla;* nec ego, nec tu, nec nos existit; siquidem, quum in unitate, distinctio nulla præbeatur, ego, nos, tu et ille idem sunt.

Propter unitatem scio, me etiam materiem esse universæ rerum naturæ, s'écrie un sufi; in aperto est, me esse amici (Dei) unitionem; inspicit ipsitas mea semet ipsam. Qui ex intimis animi preces fundit, sibi oranti annuit

Brahm seul étant véritablement, et hors de lui tout n'étant qu'illusion, il n'y a point de *dualité*; car, comment la dualité pourrait-elle exister avec l'unité? Il n'y a point de mal dans le monde, car le mal n'est qu'une apparence, comme toutes les formes du monde: il n'y a pas de mal dans les actions humaines, car elles ne sont que des modifications de l'acte un de l'Être un. Pour le sage, Dieu est le bien et le mal, il embrasse les contraires dans son unité; c'est Dieu qui agit en tout et partout; et si Satan existe, son existence est divine; si le diable agit, c'est Dieu qui se fait démon dans l'acte du diable, car il n'y a que le un, et la dualité est impossible... *Ille solus egoitate dignus, cujus ad latus dualitas nulla. Apud sapientes, malum et bonum Deus fit. In malo autem Deus actio fit diaboli*[1].

§ 17.

Monisme strict et rigoureux, immanence, fatalisme nécessaire, telle est la doctrine de Buddha. Brahm

ipse; annuit autem, imò verò ne orat quidem ipse, sed Deus est, qui preces cùm fundit, tùm accipit. Tholuck, *Sufismus*, p. 141 à 162 et seq.

[1] Nulla actio è nobis venit; quid igitur malum, quid bonum? Deus est bonum et malum, complectitur contraria omnia. Apud sapientes, qui unitatem suam cum Deo cognoverunt, malum et bonum Deus fit. Peccatum hominis quod Satanas est, ipsum est Atma et divina existentia. Vide Deum in veste Dei et agnosce Deum! In malo autem Deus actio fit diaboli. Oupnek'hat, voy. Jäsche; t. II, p. 333 à 337.

seul est; l'univers n'est qu'une illusion. Mais l'homme est; car il se sent être, quand il s'abstrait de tout ce qui n'est pas son être : donc, puisque l'être seul est, l'homme est cet être, l'homme est Atma, Brahm, Dieu! Et puisque lui seul est et que toutes choses procèdent de lui, et ne sont que des fantômes de son imagination, des fruits de sa pensée, des rêves de son esprit; puisque le monde n'est que la sphère illusoire qu'il crée autour de lui en se jouant dans son entendement, comme le cercle que produit un point lumineux qu'on fait tourner rapidement sur lui-même; toutes choses sont indifférentes, il n'y a ni bien ni mal, ni liberté ni moralité, ni vertu ni vice, ni action ni pensée, ni arrêt ni progrès pour le sage. L'indifférence absolue, l'absolue quiétude, l'immutabilité, l'être sans vicissitude ni changement: tel est le terme de la science et de la vie, l'apogée de la félicité; et de là les pratiques ridicules et monstrueuses des Brahmes qui ne sont que des conséquences rigoureuses et logiques de l'idée fondamentale de leur doctrine.

§ 18.

Les Védas avaient dit avant Buddha [1] : Brahm Brahmisme. (celui qui est par lui-même) l'âme primordiale, l'ineffable, n'est ni grand ni petit, ni large ni long;

---

[1] Jadschur-Véda, *Veda, science, révélation*; *Jadschur, Sacrifice.* Voy. Jäsche, t. II, p. 21 et suiv.

il est sans couleur, sans ombre, sans ténèbres, sans
odeur, sans goût, sans jeunesse, sans vieillesse, sans
commencement, sans fin, sans limites, sans bornes.
Avant lui il n'y avait personne, après lui il ne vient
personne. Il est pur, il vit en un éternel repos, en
une joie éternelle, stable au milieu de ce qui passe,
libre dans sa grandeur.

Cause première, éternelle, présente partout par
son être, il est l'*Esprit suprême, l'intelligence absolue*[1].

Invisible, il voit tout, entend, comprend tout,
et lui seul voit, entend et comprend. Car il est la
vue de la vue et par cela même il échappe à tout
œil; l'ouïe de toute ouïe et ne peut être entendu par
l'oreille; la pensée de la pensée et ne peut être
perçu par la pensée; car il n'est pas de science qui
puisse savoir la science de la science elle-même.

Cependant l'homme doit, par une contemplation
profonde, s'élever à la science de Brahm; et c'est
par cette contemplation qu'il comprend que Brahm
est l'intelligence; car c'est par l'intelligence que
les êtres sont produits, qu'ils vivent et agissent, et
c'est dans l'intelligence qu'ils sont de nouveau ab-
sorbés. Or, voici comment l'intelligence suprême,
Brahm, la lumière réelle, a posé les existences qui
sont émanées de son foyer éternel.

Avant la création était l'être primordial seul.
Alors il n'y avait ni réalité, ni non-réalité, ni monde,

---

[1] *Dans les livres de Menu sur Brahm.* Voy. Jäsche, t. II,
p. 21.

ni espace, ni mort, ni immortalité, ni jour, ni nuit. Hors *Lui*, rien n'était.

Mais il pensa : je veux produire des mondes, et il produisit les mondes divers ; et tout ce qui vit, se meut, rampe, vole ou demeure immobile, fut fondé par l'intelligence, toute chose est l'œil de l'intelligence.

Cette intelligence éternelle s'est manifestée par *Maya*, sa puissance formatrice, qui a été avant toutes choses et qui, par son union avec Brahm, rend la lumière visible sous la triple forme de *Brahma* le créateur, de *Wischnu* le conservateur, et de *Mahaveda* le destructeur. De cette triple divinité, de cette *Trimurti* éternelle émanent toutes choses. C'est à l'action alternative et harmonique ou au tempérament de ce ternaire de puissances divines que le monde doit son existence et sa persistance, et elle lui devra, après l'anéantissement du vieux monde, sa renaissance et sa rénovation ; car tout va mourant et renaissant sans cesse, vieillissant et rajeunissant toujours. Le premier des produits visibles et réels qui en est émané est l'*Haranguerbchah*, source des émanations postérieures, *Materia prima* des éléments purs et simples, âme du monde, principe de tout ce qui est idée ou intellectuel dans l'univers (*Maha Atma*).

La seconde manifestation est *Pradschapat*, le désir de la forme individuelle par l'aggrégation des éléments plus grossiers. En elle est parfait le grand œuf du monde, *Brahmanda*, l'univers ; et de cet œuf

sortirent le ciel et la terre; la boule qui apparut
dans cet œuf est le soleil, dont la chaleur produisit
les pierres, les plantes et les animaux de toutes les
espèces et sous toutes leurs formes. Avec le soleil apparut le temps, *Kal*, éternel en Brahm, mais déterminé, limité par le soleil. Quant au développement
successif des éléments eux-mêmes dont Pradschapat
est la forme, le contenant général, ce fut d'abord
l'éther ou l'espace (*Bhut Akasch*) qui sortit de Pradschapat; de l'éther le vent ou l'air, de l'air le feu,
du feu l'eau, de l'eau la terre, de la terre les
plantes, et en elles les aliments, et des aliments
l'homme et les animaux[1].

De même que l'araignée [2] produit sa toile, le
tout se produit hors du sein de Brahm, l'immuable nature, qui contient et embrasse toutes
les créatures, comme l'Océan contient toutes les
eaux, comme l'œil toutes les images, l'oreille tous
les sons, le cœur tous les sentiments, la parole
toute science. En un mot, le monde entier est
Brahm, est sorti de Brahm, et sera en définitif
absorbé par Brahm. Le monde est la forme de Brahm
et Brahm est l'âme du monde. Brahm est celui qui
est par lui-même : les mondes infinis sont tous un
avec lui et ne sont que par sa volonté éternelle, inhérente à toutes choses. Son être est lumière réelle,

---

[1] Schlegel, p. 282.

[2] *At'harvana-Véda*. Voy. Jäsche, t. II, p. 25. F. Schlegel, p. 274 et 275.

son œil est le soleil, son corps le monde, sa moelle
coule dans la mer, son mouvement se manifeste dans
le vent: la demeure et le lieu de son repos est l'essence, l'âme de tout être[1].

§ 19.

C'est donc par une dégradation successive et fatale que l'être pur, se manifestant dans les créatures, est tombé jusqu'au dernier état de concentration et d'obscurcissement dans la plante et la pierre.
C'est de là qu'il cherche de nouveau à se dégager.
C'est de l'enveloppe individuelle qu'il a prise, par
sa complaisance pour Maya sa bien-aimée, qu'il
s'efforce de se délivrer pour rentrer dans sa forme
pure et absolue d'où, par l'éternelle vicissitude à
laquelle il est soumis, il sortira de nouveau, pour
retomber dans les formes restreintes et impures dont
il doit triompher encore par son énergie victorieuse[2].

Comme Brahm est devenu Maha-Atma, âme du
monde, et comme l'âme du monde se manifeste dans
l'âme humaine, ainsi l'homme peut ou s'élever ou
se dégrader, rentrer dans la pureté de son origine

---

[1] *Ausser mir giebt es ein andres hœheres nirgends mehr, o Freund !
Aller Lebendigen Saame bin ich, wisse von Ewigkeit.*
(Schlegel, p. 303.)

[2] *Gleich wie ein Mann Kleider, die alt geworden, abwirft und
legt andere, die neu sind, ihm an;
So lœszt auch diess Wesen den Leib, den alten, alsobald einge-
hend in andre neue.*
(Schlegel, p. 293.)

en Brahm[1], ou s'abaisser jusqu'aux formes les plus grossières du règne végétal et minéral, d'où, à son tour, il sortira triomphant et purifié. Mais qu'il tombe ou s'élève, qu'il se spiritualise ou se matérialise, son apothéose et sa chute sont les résultats de la loi rigoureuse du destin qui l'a prédestiné, pour un temps, à telle ou telle vicissitude, à telle ou telle phase d'existence, à la vertu héroïque qui lui fait mépriser les jouissances terrestres pour conquérir la vie du ciel, ou aux passions avilissantes du corps qui le ravalent au niveau de la brute[2].

§ 20.

Dualisme apparent, émanation, fatalisme comme conséquence nécessaire, tel est le système des Védas.

Brahm s'est manifesté en Maya: l'intelligence suprême a rayonné, et toutes les existences sont l'œil

[1] *Wer immer innren Glücks sich freut, und wer immer erleuchtet ist,*
Der geht als Frommer Gott erfüllt wieder in Gottes Wesen ein.

(Schlegel, 297.)

[2] Fr. Schlegel, p. 286. Jäsche, t. II, p. 39, 40, etc. Menu spricht:

Von vielgestaltigen Dunkel umkleidet, ihrer Thaten Lohn,
Endes bewust, sind diese all', mit Freud'und Leidgefühl begabt.
Diesem Ziel nach nun wandeln sie, aus Gott kommend, bis zur
Pflanz' herab.
In der Seyns schrecklicher Welt hier die stets hin zum Verderben sinkt.

Et dans un autre endroit :

Welcher Thœtigkeit jeden nun hat der Schœpfer zuerst vereint,
Dieser trachtet von selbst er nach, immer wie oft er erschaffen wird.
Heil und Unheil, Hœrt' und Milde, Recht oder Unrecht, Wahr und
Falsch;
Was jedem er bestimmt schaffend, das wird jedem von selbst zu
Theil.

de cette intelligence, les étincelles de ce foyer. Posées par lui, elles sont réabsorbées par lui. Il s'ouvre, s'épand et *exhale* les créatures, puis il se referme, se concentre, et *in-hale* ce qu'il a posé. La production et la destruction, l'exposition et la réabsorption des existences par Brahm sont le double et perpétuel acte de sa vie, la pulsation de ce grand cœur de l'univers qui se contracte et se dilate éternellement. Le dualisme n'est donc qu'apparent, comme dans tous les systèmes d'émanation; car si le monde est la forme de Brahm, et Brahm l'âme du monde, les deux ne sont qu'un en essence et en vérité; et quoique l'individualité humaine semble admise par moment, par le fait elle se trouve anéantie bientôt après, puisque le rayon émané du centre n'est plus, dès que le centre cesse de l'émettre, puisque le regard s'évanouit quand l'œil se ferme, et que l'homme n'est qu'une étincelle du foyer universel, un regard de l'œil immense qui se ferme et s'ouvre alternativement pour faire et défaire, produire et détruire. Avec l'individualité disparaît la liberté, la moralité, la dignité humaine; l'homme, comme la pierre, comme la brute est ce qu'il doit être, par la nécessité de sa création, ainsi que l'exposent énergiquement ces vers de Menu :

Heil und Unheil, Hært und Milde, Recht oder Unrecht,
Wahr und Falsch;
Was jedem er bestimmet schaffend, das wird jedem von
selbst zu Theil[1].

[1] Schlegel, p. 280.

§ 21.

San-Kya. Le but de la philosophie, dit l'école rationaliste du *San-Kya* (calcul, raisonnement) est la libération de l'esprit.

C'est par la science du Moi que l'homme arrive à ce bien souverain (*Moksha*). Or il y a trois voies de science : l'observation sensible, *pratyaksa* (ce qui est devant les yeux,) la réflexion, le raisonnement (*anumâna*) et l'affirmation, la tradition ou le témoignage sacré (*sabda*).

Par ce triple moyen, l'homme arrive à la connaissance des vingt-quatre principes (*tattvani*, le démontrable), qui découlent les uns des autres, et ont tous leur fondement dans les deux premiers, savoir : La matière éternelle et incréée (*pakriti*), racine des êtres, principe passif et corporel, qui resterait éternellement en repos sans l'action incessante du second principe, qui lui est inhérent et se nomme : *buddhi*, la raison universelle·principe actif et spirituel, qui domine et meut la matière, comme le cocher conduit les chevaux de son char, comme le pilote gouverne son vaisseau, comme le paralytique de la fable dirige l'aveugle qui le porte.

La raison commande, la matière obéit : l'une est mère commune, l'autre père universel ; et de leur union procède : la conscience du Moi (*ahankâra*) qui, à son tour, par son acte générateur, produit les principes ou molécules primitives des cinq éléments (*tân mâtrani*), auxquels succèdent les cinq sens, puis les cinq organes des sens. Alors apparaît le sens commun l'entendement (*manas*), vers lequel convergent tous les sens, qui en reçoivent à leur tour la motion, comme l'entendement est mu par la raison universelle.

Enfin les éléments primitifs se réalisent, se formalisent dans les cinq élements naturels (*mahabuthâni*), dont le dernier, l'éther (*âkâsa*), remplit tout l'espace.

Connaître ces principes, c'est se connaître soi-même ; ou mieux, s'étudier, se connaître soi-même, c'est savoir le monde ; la science de l'un est la science de l'autre. *Si mundum totum vis noscere, nosce te ipsum* [1].

§ 22.

Dans l'école Vedânta, sortie de la précédente, mais

---

[1] *Das alte Indien*, von D[r] von Bohlen ; p. 309 et suiv., t. II. C'est de l'école du San-Kya que sortit l'école dialectique (*nyâyâ*) dans laquelle se trouve, avec une rigueur et une subtilité tout aristotélicienne (n'est-ce pas de là qu'Aristote lui-même tenait sa science ?) la théorie des fonctions logiques et l'échafaudage du syllogisme : elle pose cinq membres du syllogisme qui se résument dans le trois derniers, par exemple :

Proposition. . . . . . . La montagne contient du feu.
Cause. . . . . Car elle fume.
Exemple ; majeure. . Où il y a de la fumée, il y a du feu.
Application ; mineure. Or la montagne fume.
Conclusion . . . . Donc la montagne contient du feu.

qui s'appuie davantage sur la tradition, il est dit:

La création n'est qu'un acte de la volonté de Brahm, et une forme changeante et variable de sa substance : comme le lait se caille, comme l'eau se congèle, comme la vapeur se condense, ainsi le monde s'est formé de la coagulation de la substance divine. Dieu tire toutes choses de sa propre substance et produit le monde comme l'araignée sa toile; à la fin des temps tout rentrera dans la divinité, tout sera réabsorbé par elle, ainsi que les végétaux sortis de la terre, et apparus un instant à sa surface, rentrent dans son sein et se transforment en ses éléments.

De l'âme universelle, lumière répandue à travers le monde (*yotisch*), souffle vivant qui anime tout (*prana*), émane, comme une étincelle d'un foyer, comme un éclair de la nue, l'âme individuelle (*sârisa*), éternelle et incréée comme son principe. Emprisonnée momentanément dans un corps, elle exerce son activité au moyen des organes : tel l'artiste manifeste son génie par son instrument; mais quels que soient les modes de son exercice, quelles que soient les affections, les tendances, les passions de l'âme, celles-ci n'ont aucune influence sur l'âme universelle; ainsi le soleil n'est point troublé des mouvements que son image éprouve dans l'eau qui le réfléchit. Par l'incorporation, une parcelle, une étincelle de l'âme universelle s'est isolée, et elle ne rentre dans son état normal et primitif, que par sa réidentification avec le principe dont elle est, et après avoir traversé diverses périodes de mutations

ou de changements de formes. Au sortir de ce
monde, l'âme de l'homme pervers, revêtue de la
matière élémentaire la plus subtile, s'élève vers la
lune, d'où elle retombe sous la forme de la pluie
sur la terre, pour y féconder les végétaux et en
nourrir et développer les embryons vivants; l'âme
du sage remonte vers le séjour de Brahm, pour s'y
unir intimement à l'essence divine.

§ 23.

Enfin les doctrines idéalistes des Védas se sont
complétement matérialisées dans les religions po-
pulaires du *Shivaïsme* et du *Wischnouïsme*, qui sont
les fruits naturels, dit *Colebrook*, des semences po-
lythéistes renfermées dans la théogonie, les mythes
et les symboles des Védas [1].

Les *Puranas* (*commentaires*), sources de ces religions, ont formulé les idées du Brahmisme sous les
images les plus grossières. Les puissances du Un y sont
personnifiées dans les trois grandes divinités (*Dévas*),
qui ont autant de compagnes (*Dévanis*) engendrant
par leur union d'innombrables divinités mâles et
femelles. La nature matérielle y est divinisée ainsi
que ses forces élémentaires : c'est le feu, chez les
Shivaïstes; l'eau chez les Wischnouïtes; l'air chez les
partisans de Krishna; chez d'autres c'est la nature humaine (*ardhanari*), l'homme-femme, les deux

Wischnouïsme.
Shivaïsme.

[1] *Das alte Indien*, t. I, p. 148, 206; t. II, p. 102, 181.

principes actif et passif; chez d'autres enfin c'est la force brutale de la reproduction dans son organe visible qui est devenu le Dieu de l'homme, l'objet de son culte et de son amour[1]. Et ce culte infâme, réalisant dans toutes ses conséquences matérielles les idées panthéistes des Védas et des Puranas, représente le triple caractère qu'on trouve dans tout culte démonolatrique ou satanique, savoir: les sacrifices humains[2], la magie noire, et la prostitution de l'homme et de la femme dans le sanctuaire du temple. Ainsi les idées panthéistes se jugent toujours par les mêmes fruits. Quelque sublimes qu'elles puissent être ou paraître dans leur origine, elles ont toujours les mêmes résultats pratiques; conséquences logiques et rigoureuses, devant lesquelles nous verrons que les auteurs des doctrines modernes n'ont pas plus reculé que leurs devanciers.

———

CHAPITRE III.

§ 24.

Cabale. Si parmi les peuples du vieil Orient, qui se sont détachés de la société traditionnelle, on trouve nécessairement les principes panthéistes, il semblerait

---

[1] *Das alte Indien;* t. I, p. 208.
[2] *Id.;* t. I, p. 147.

que le peuple hébreu lui-même devrait être exempt de cette erreur fatale. Mais il n'en est point ainsi, et voici pourquoi. Autre chose est la foi au Dieu unique, autre chose la science de Dieu ; autre chose est l'admission simple du nom de l'Être trois fois saint et la vue claire de ce que renferme ce nom ineffable. Or, avant la révélation faite par Celui qui seul a pu apprendre à l'homme ce qu'est l'Être dans sa manifestation en lui et hors de lui, il n'y a pas eu de science proprement dite de Dieu, point de vraie théologie. Les Juifs avaient la foi, et cette foi fut leur salut et leur gloire dans l'humanité; mais quand ils ont prétendu s'élever par eux-mêmes à la science de l'objet de leur foi, n'ayant pas de guide supérieur pour interpréter la parole divine, ils se sont égarés, comme les philosophes de la gentilité, et de là les erreurs savantes de la Cabale.

§ 25.

La Cabale est panthéiste, d'un panthéisme tout spiritualiste dans son origine et qui, dans ses applications et ses déductions rigoureuses, devient matérialiste, comme toute doctrine de ce genre. Son point de départ est la vérité même, parce qu'elle se fonde sur le texte sacré. Son erreur commence alors que, privé des lumières de la parole éternelle, l'esprit de l'homme reste seul, commentant, développant, expliquant à l'aide des données naturelles, la lettre divine qui devait rester close, jusqu'à ce que l'Esprit qui l'avait dictée vînt l'interpréter lui-même.

Si l'idée de la Trinité, qui est la condition absolue de la science métaphysique et sa source, manquait aux cabalistes, ils en avaient trouvé des traces, soit dans le texte sacré qu'ils méditaient profondément, soit dans la nature qu'ils étudiaient laborieusement. C'est sur ces notions vagues d'une Trinité en Dieu que repose leur doctrine; et c'est de là que découlent leurs erreurs sur la création, sur la nature, le rapport et la destination de l'homme et de l'univers.

§ 26.

Avant la création, dit la Cabale[1], était Lui, l'ancien des anciens, *Ensoph, Senior Seniorum,* la lumière infinie, remplissant l'espace infini, partout semblable à lui-même, un et sans forme, absolue unité, totalité sans distinction d'être ni d'existence : *Lumen omnium intimum in quo istud quod non manifestatur.*

Avant sa manifestation par la création, dans son état latent originel, *occultissimus occultorum,* il est le principe virtuel des existences qui sont éternellement comprises dans la pensée de son éternelle sagesse.

Après sa manifestation, il est la cause actuelle

---

[1] *Apparatus in Librum Sohar, seu porta cœlorum. Solisbaci,* 1678; p. 15, 29, 31, 64, 93 seq. *Id. Fundamenta philosophiæ sive Cabbalæ,* p. 293. *Id. Theses Cabbalisticæ,* p. 150.

du monde des créatures qui doivent leur être et leur existence à sa triple puissance de *Lumière*, d'*Esprit*, de *Vie*.

Car Dieu est la Lumière primordiale, l'Esprit primitif, la Vie principe. Lorsque dans le premier moment de sa manifestation le Dieu caché et latent ouvrit son œil, de cet œil ouvert rayonnèrent des torrents de lumière, d'esprit et de vie qui se répandirent dans l'espace.

§ 27.

Le rayon primordial de la divinité manifestée, l'origine essentielle et substantielle, l'alpha et l'oméga de toute réalité, de toute existence, de toute forme, de tout monde, est la *Parole*.

Ce premier né de Dieu est, quant à Dieu, l'image parfaite de son père, sa splendeur, le porteur de toutes les puissances divines. Quant au monde, il est l'idéal, le prototype universel des êtres, le Créateur proprement dit de toutes choses.

Comme par l'acte primordial, pur, immédiat, parfait, universel de Dieu, est née son image parfaite; ainsi de ce premier né de la Divinité est émané le tout des mondes : car sa lumière, son esprit et sa vie se sont répandus, épandus, étendus à travers tous les degrés des esprits et de la vie dans l'univers.

Mais pour créer un monde hors de lui, il fallait au créateur un espace hors de lui.

3.

La lumière se retira donc en elle-même, dans son centre, laissant autour d'elle un espace vide.

Cet espace vide de lumière substantielle, mais pénétré encore des lueurs de son ancienne gloire, devint le contenant, la capacité des créatures par lesquelles l'Être voulait manifester sa gloire.

Ainsi l'acte primitif du Créateur, qui précéda même l'acte créateur, fut un retrait de Lui en Lui-même, par lequel fut posé un objet en face de la lumière infinie. Ce fut l'espace vide opposé à l'espace plein, le dehors de Dieu opposé à son dedans. Dans cet espace put rayonner et se répandre la lumière. Et alors naquirent les mondes et les créatures.

§ 28.

Quatre mondes, subordonnés les uns aux autres sont résultés d'abord des éradiations du premier né, de la parole primitive, de l'homme primitif, d'*Adam-Cadmon* qui, comme premier rayon de l'Infini, lui reste éternellement et intimément uni. Ces mondes sont des émanations de sa lumière, de son esprit, de sa vie.

Comme émanations de sa gloire ou de sa lumière, ce sont dix *Zéphiroth* ou dix sources de lumière particulière qui traversent les mondes et demeurent tout entières dans chacun, quoiqu'à des degrés toujours moindres et avec une splendeur de plus en plus affaiblie.

Comme émanations de son esprit, ce sont ou les

purs esprits de la sphère la plus sublime (*Aziluth*) ou des substances spirituelles moins parfaites, habitant le monde de la création (*Briah*); ensuite les *anges*, esprits revêtus de corps lumineux (*astres*) qui leur servent à la fois d'enveloppe et de véhicule dans leur activité; et enfin, des *esprits dégradés*, dépendant dans leur état et leur substance, leur puissance et leur activité, de la matière. Leurs formes enfouies dans une matière limitée sont emprisonnées et asservies par cette matière, et par là même soumises à une perpétuelle alternative de changements, de naissance et de mort. Au dernier degré de ce monde, aux dernières limites de ces émanations intellectuelles apparaît la *matière grossière*, le dernier revêtement de l'esprit, matière dont est formé et configuré le monde corporel et le corps humain, dernière émanation de la divinité, *charbon* de la pure substance divine, divinité privée des perfections de l'esprit, de la lumière et de la vie, *divinité obscurcie*.

Enfin, comme toute lumière est émanée de la lumière primordiale; comme toute intelligence parfaite et imparfaite, pure et impure, comme toute créature, jusqu'à la plus dégradée des existences enveloppée dans le grain de poussière, émane de l'esprit primitif; ainsi l'on voit émaner, effluer, sourdre toute vie de la source de la vie. Mais cette vie se dégrade, elle s'obscurcit de degré en degré, se limite, se restreint à mesure qu'elle s'éloigne de son principe, se perdant insensiblement dans la matière morte, inanimée, qui, dans son écorce dure et compacte, emprisonne les nobles puissances de la vie, tandis que le Seigneur et roi de toute vie cherche sans cesse à la libérer en l'arrachant à la mort qui l'enserre.

§ 29.

Ainsi Dieu est tout, tout est Dieu: l'ange, l'homme, la dernière molécule animée, le dernier grain de sable de la mer est une parcelle de la Divinité plus ou moins libre ou captive, glorieuse ou obscurcie. La matière grossière, impure est un produit nécessaire et fatal de la Divinité qui ne pouvait poser l'univers sans poser une capacité vide, un contenant ténébreux.

Identité de la source avec la lumière, l'esprit et la vie qui en découlent, et de cette triple puissance avec les créatures qu'elle pose ; union essentielle, substantielle, permanente, immanente de la substance divine avec les substances créées : absorption définitive de toutes choses dans le un qui a tout posé et qui doit tout reprendre ; panthéisme strict : telle est la doctrine cabalistique qui n'est jamais devenue populaire, demeurant l'objet des méditations solitaires et de la science occulte de quelques savants rabbins, maîtres des Gnostiques d'Alexandrie et des alchimistes du moyen âge.

CHAPITRE IV.

§ 30.

Mélange d'idées orientales et chrétiennes, la Gnôse Gnosticisme.
n'est qu'un panthéisme intellectuel, calqué sur celui
de la Cabale, et fondé, non plus sur une connaissance vague de la Trinité, telle que pouvait être celle
des Juifs, mais sur des interprétations arbitraires et
erronées des dogmes chrétiens. C'est le juif Philon
qui semble le père des hérétiques des premiers siècles;
du moins est-ce dans ses écrits que les gnostiques
Ménandre, Saturnin, Basilide, Carpocrate, Valen-
tin, Marcion, Cerdon, Bardesane, Manès, etc., ont
puisé leur doctrine et leur terminologie; et la parenté
de la Gnôse et de la Cabale est facile à reconnaître[1].

Ici, comme tout à l'heure, le principe, la source
de la vie et de la lumière est l'Être primordial, latent en lui-même, immuable, invariable, inson-
dable, l'abîme, $Bv\vartheta\grave{o}\varsigma$, l'éternel, $A\grave{\iota}\grave{\omega}\nu$, le père et
le principe des existences, $\pi\varrho o\alpha\varrho\chi\grave{\eta}$, $\pi\varrho o\pi\alpha\tau\grave{\eta}\varrho$. C'est
l'*Ensoph* de la Cabale.

En se manifestant, en sortant de son état latent,
il s'est rendu compréhensible par le développement

---

[1] Tennemann, *Hist. de la philos.*, art. *Gnosticisme. Précis
de l'histoire de la philos.*, par les Dir. du Col. de Juilly,
1834, p. 180. *Collect. SS. Eccles. Patrum.* Parisiis, 1834.
S. Irenæus adv. hæres. t. II et III *passim.*

de ses puissances et de ses perfections. Sa manifestation immédiate et universelle, produit de l'acte par lequel il s'est contemplé lui-même, ἐνθύμησις ἑαυτου, est son premier né, l'esprit universel, μονογενὴς, νοῦς, λόγος. C'est la parole créatrice de la Cabale. Image parfaite de son père, πρόσωπον τοῦ πατρὸς, c'est par lui que le père, l'être et la vie sont connus, τὸ πρῶτον καταληπτὸν, comme dans la cabale le premier né est type du père et prototype de toutes les existences. C'est par lui que sont successivement sortis de l'abîme les *Eones* (les Zéphiroth), qui, par leur union, ne font qu'un tout avec le principe et sont sa gloire, son orbe, son monde, sa plénitude, πλήρομα.

§ 31.

Cette manifestation, ce développement de la vie divine se fait d'après la loi de la dualité qui se retrouve dans tous les degrés jusque dans les derniers phénomènes de la sphère sensible. De là les deux parties, mâle et femelle, active et passive du monde des Eones, l'époux trouvant son complément dans l'épouse, σύξυγος, comme la Cabale dit que le rayon primordial unit la puissance universelle de la production et de la conception, puissance active et passive qui a posé toutes les existences. De leur union résultent de nouveaux Eones, types des deux principes qui les ont formés, et dont chacun est un miroir particulier dans lequel se révèle et se reflète l'Éternel.

Dans cette plérôma du monde pur des esprits, il n'y a qu'une manière d'être. De la vie divine et une, se manifestant en formes particulières, par l'action du principe universel $No\tilde{v}\varsigma$, sort l'*opposition* qui dans ce monde pur et originel, est soumise à la loi de l'harmonie et de l'unité, mais dans laquelle il y a déjà la possibilité de la *chute*.

Et en effet c'est de cette chute qui a eu lieu, c'est de ce précipité des puissances divines de la plérôma, unies et mêlées au non divin, à un principe opposé à l'être et à la vie divine, que tire son origine le monde des sens, copie défigurée de ce prototype sublime. Ce monde de négation et de privation, opposé à la réalité et au positif de la plérôma, est l'$\H{v}\lambda\eta$, la matière morte, vide, ténébreuse, inerte, $\tau\grave{o}$ $\varkappa\varepsilon\nu\grave{o}\nu$, $\sigma\varkappa\iota\grave{\alpha}$, $\tau o\tilde{v}$ $\check{o}\nu\tau o\varsigma$ $\sigma\varkappa\acute{o}\tau o\varsigma$, qui n'est vivifiée que par son union avec des puissances de vie divine. C'est l'espace vide, le contenant inerte, produit, suivant la Cabale, par le retrait de la lumière universelle lorsqu'elle voulut créer.

§ 32.

L'ordonnateur de ce monde, apparu dans le temps et soumis à la loi du temps, n'est pas le Dieu d'en haut, qui ne peut se manifester par le fini, mais un *démiurge*, représentant et révélateur de la divinité suprême dans ce monde.

Ce démiurge (l'Adam Cadmon de la Cabale) est né d'une fille imparfaite de la sagesse divine ($\Sigma o\varphi\acute{\iota}\alpha$) qui s'est précipitée et mélangée avec l'$\H{v}\lambda\eta$ et a été repoussée de la plérôma. Par son origine tenant à la Sophia, il porte en lui la semence de la vie et de la lumière divine. Mais il n'a qu'une connaissance imparfaite de ce monde supérieur. Et c'est pourquoi agissant et produisant toujours au dehors, il ne peut manifester dans ses types, dans ses copies imparfaites, qui ne sont rien par elles-mêmes, qu'un reflet de l'ordre supérieur dont les idées se reproduisent, sans qu'il en ait conscience, dans ses créations terrestres.

Dans son activité sans conscience, mais dirigée par les idées supérieures, cet esprit de la nature, cette âme du monde terrestre, ce principe de l'être et de la vie de la nature implante dans la nature humaine une semence divine, la vertu de l'esprit et de la vie, πνευματικὸν. Car la nature humaine, l'homme, a pour destinée spéciale de manifester le Dieu suprême, le père universel, en développant cette semence divine que la mère céleste de ce fils terrestre lui a transmise pour être propagée dans l'humanité.

Et c'est pourquoi la nature humaine a un triple élément, corporel, spirituel, psychique, ὑλικὸν, πνευματικὸν, ψυχικὸν. C'est dans le corps, enveloppe de l'esprit et de l'âme, que l'*âme animale*, la source de toutes les passions mauvaises, opposée au divin, a son siége. La matière ὑλη est la borne, le dernier degré de la vie, le dernier précipité, la source du mal.

Comme dans l'homme réside un principe supé-

rieur et divin, c'est en lui que se trouve le lien du
visible et de l'invisible, du monde des esprits et
des sens. C'est par la force et la vertu de ce principe supérieur que l'homme doit et peut tendre
toujours à l'union avec Dieu, union qui devient
plus intime à mesure que l'homme se purifie, se
libère et se perfectionne par le développement du
germe divin déposé en lui. Car le but sublime du
plan du monde est de ramener tous les degrés de
l'existence à l'harmonie avec le principe supérieur
et d'anéantir tout ce qui s'oppose à cette harmonie.

Le moyen par lequel le monde se renouvelle, se
restaure, s'ordonne et s'harmonise, c'est la libération de l'esprit asservi par la matière, libération
dont l'accomplissement sera le terme, la fin du monde.

Alors toute matière et ainsi tout mal sera anéanti
par le feu dévorant, latent dans ce monde. Alors la
nature psychique sera délivrée de la puissance du
mal et parviendra au royaume du démiurge, près
de la plérôma.

Et les natures spirituelles, mûres alors pour l'existence divine la plus haute, ayant acquis la conscience
de leur haute origine, rentreront dans leur patrie,
dans la splendeur et la magnificence du monde
de la lumière, tout sera absorbé dans le un, tout
sera un.

CHAPITRE V.

§ 33.

Panthéisme grec. Comme la Gnôse est née de la Cabale, de la Gnôse est sorti le Néoplatonisme. L'une a été un mélange d'idées cabalistiques et chrétiennes, l'autre un assemblage d'idées chrétiennes et païennes, orientales et grecques. Né à Alexandrie, réceptacle de toutes les doctrines de l'Orient et de l'Occident, le Néoplatonisme devait participer à la nature de sa mère et en représenter le double caractère. Avant donc que de l'envisager, il faut reconnaître un de ses principaux éléments, la philosophie grecque qui, dans son développement, nous présentera à son tour les cinq formes principales du panthéisme.

§ 34.

Cinq écoles principales. Les doctrines profondes de l'Orient furent à la fois spéculatives et pratiques. Le Bouddhiste, le Brahme, pour arriver à la science divine, pratique ce qu'il croit, se sépare du monde pour s'élever à Dieu, s'isole de la terre pour se poser en lui-même, s'abstrait de la vie vulgaire pour vivre dans la sphère de son intelligence. Il cesse, autant qu'il le peut, d'être homme pour se faire Dieu. Les doctrines de la Grèce sont plus spéculatives que pratiques : ce sont bien plus des jeux de l'esprit, des produits de l'intelligence, des œuvres de raison et d'imagination que des théories fondées sur une vie sérieuse qui veut ce qu'elle croit, fait ce qu'elle enseigne. Aussi, tandis que le panthéisme de l'Orient est mystique, celui de la Grèce est surtout logique : le premier est idéaliste, le second rationnel ; l'un domine l'homme et l'entraîne dans son orgueilleuse rêverie, jusqu'à la plus haute contemplation ; l'autre, soumis et doux, se joue dans les écoles, sans passer dans la vie réelle.

Il n'est point question ici des doctrines mythologiques, théogoniques et fabuleuses des Grecs, dont le panthéisme sensuel est évident, puisque là tout est divin, l'homme, la nature, la plante et la pierre, le temps et l'espace, la matière et l'esprit, depuis le Fatum qui régit l'univers jusqu'au Dieu Terme qui borne les champs, depuis Saturne qui dévore ses enfants, jusqu'à Tellus qui les reproduit, depuis la chaste et intellectuelle Minerve jusqu'à la féconde et matérielle Vénus. Quant aux écoles philosophiques de la Grèce, nous y retrouvons le panthéisme à tous ses degrés ; profond et mystique dans l'*École italique,* brillant et idéaliste dans l'*Académie,* rationnel et logique chez les *Éléates,* dans le *Lycée* et le *Portique,* imaginatif et poétique dans la *Mythologie,* et enfin matérialiste, physique chez les *Ioniens* et les disciples d'*Épicure.*

§ 35.

Quoique Thalès[1] passe généralement pour le père École italique.

[1] 600 avant Jésus-Christ.

de la philosophie grecque, ce n'est pas contredire l'histoire que de considérer la secte pythagoricienne comme la souche d'où sont parties les autres, puisque cette école a été la plus féconde par le nombre et la science de ses disciples, et qu'il n'y a qu'une quinzaine d'années de différence entre Thalès et le fondateur de l'École mathématique.

Pythagore[1] puisa sa doctrine dans les sanctuaires de l'Égypte et les temples de l'Orient : il passa plusieurs années dans des rapports intimes avec les savants de la Chaldée et les prêtres du Nil ; et c'est de cette double origine que dépend le caractère mathématique et mystique, géométrique et contemplatif de sa philosophie. Son principe est à la fois l'unité mathématique de l'Égypte et le feu sacré de la Chaldée ; sa discipline est sérieuse comme celle des initiés de Thèbes et de Memphis, exaltée comme celle de Tyr et de Babylone, et ses hautes idées aboutissent au panthéisme le plus formel, de même que sa morale va se perdre dans le fatalisme le plus rigoureux.

§ 36.

Sa doctrine. La doctrine pythagoricienne présente, dans sa plénitude, le système de l'émanation que Pythagore avait puisé dans l'Orient, et qui passa à travers les doctrines de l'Occident, jusqu'à la fameuse école d'Alexandrie, d'où elle se propagea de nouveau, par

[1] 584 avant Jésus-Christ.

les hérésies des premiers siècles chrétiens, jusqu'aux théories occultes du moyen âge.

Dans ce système nous avons vu l'Unité première, inaccessible à l'entendement, produire par émanation, une diffusion de lumière qui procédant du centre à la circonférence, va, en perdant insensiblement de son éclat et de sa pureté, jusqu'aux confins des ténèbres avec lesquelles elle finit par se confondre. Ses rayons divergents, devenant de moins en moins spirituels et d'ailleurs repoussés par les ténèbres, se condensent, et prenant une forme matérielle, produisent toutes les espèces d'êtres que le monde renferme, et constituent entre l'Être suprême et l'homme une chaîne incalculable d'êtres intermédiaires, dont les perfections décroissent en proportion de leur éloignement du Principe créateur[1].

Or, comme les Mages voyaient dans cette hiérarchie spirituelle des génies plus ou moins parfaits, auxquels ils avaient donné des noms relatifs à leur perfection, noms dont ils se servaient ensuite pour évoquer ces génies dans leurs opérations magiques; comme les Chaldéens voyaient dans les astres des êtres animés, appartenant à la chaîne universelle des émanations divines, et consultaient la marche, les progrès, les évolutions et les conjonctions de ces astres

---

[1] Vers dorés de Pythagore. Fabre d'Olivet, p. 202. Tiedemann, *Griechenlands erste Philosophen*. Leipzig, 1780. *Pythagoras Lehren*, p. 347, seq. Diogenes Laert., *Vit. Pythag.*

dans leurs travaux astrologiques; comme les Gnostiques les appelèrent éones ou principes féconds de développement; Pythagore, concevant cette hiérarchie spirituelle ainsi qu'une progression géométrique, envisagea les êtres qui la composent sous des rapports harmoniques, et fonda, par analogie, les lois de l'univers sur celles de la musique. La divinité fut pour lui le *nombre des nombres,* et les nombres successifs qui en émanènt furent, d'après leur élévation respective, des *dieux,* des *héros,* des *démons,* c'est-à-dire des êtres principes parfaits, des êtres principes dominateurs et des existences terrestres [1].

Ce ternaire cosmogonique, joint à l'unité, constituait le fameux quaternaire ou la tétrade sacrée. L'homme portant en lui l'univers en abrégé (*microcosme*), il est composé, comme son archétype, de trois sphères, âme, intelligence et corps, et représente ainsi, dans son unité relative, le quaternaire ou la tétrade universelle : πὰντι ἐν κόσμῳ λάμπει τριάς ἧς μονὰς ἀρχη [2].

§ 37.

L'unité et la dualité, l'infini et le fini (ἄπειρον, πεπερασμένον), la Monas et la Dias sont les éléments primordiaux des existences.

[1] Hierocles., *Aurea carmina,* v. 48.
[2] Fabre d'Olivet, p. 241.

Toute existence est, d'après ses éléments, éternelle. Cependant ces éléments n'ont leur être originel et leur subsistance que dans l'Être des êtres, le principe le plus élevé des choses. Ce principe primordial est Dieu, *l'unité absolue,* dans laquelle, comme unité première (Μονὰς κατ᾽ ἐξοχὴν), les deux éléments des choses, le un et la pluralité, ont leur racine. Il est au-dessus de toute opposition. Cependant, de cette unité sans opposition émane, par l'opposition du un et du multiple, le double être du un et du multiple, qui étaient identifiés dans l'unité et se divisent pour en sortir.

Ainsi de l'unité, Ἔν, 1, principe générateur, père des créatures, sort la dualité Δύο, 2, la forme, le contenant, la mère des existences. Et l'unité et la dualité, 1 et 2, par leur union et leur identification, constituent *l'univers* exprimé par le nombre douze, 12, résultant de la multiplication de 3 par 4, c'est-à-dire du ternaire par le quaternaire; c'est-à-dire que le monde universel est composé de 3 mondes particuliers qui s'enchaînant l'un à l'autre, au moyen de 4 modifications élémentaires, se développent en 12 sphères concentriques[1].

§ 38.

La condition unique sous laquelle se posent et

---

[1] Diogène Laërce. liv. VIII, § 25. Plutarq., *de Decret. phil.*, II, c. VI. *Sex. Emp. adv. Math.*, X, § 249. *Vie de Pythag.*, par Dacier. Tiedemann, *Pythagoras Lehren*, p. 347.

se soutiennent, se forment et se conservent les choses du monde ou le monde des choses en une forme une et harmonique (*κόσμος*), est la loi nécessaire de l'*harmonie* dont dépendent, et le monde dans sa totalité, et les existences dans leur forme individuelle. Car tout est par l'harmonie et la nécessité: *Δοκεῖ δὲ αὐτῷ παντα ἀναγχη και ἁρμονια γίνεσθαι.* Le principe de cette harmonie, l'ordonnateur divin de ce monde, un, intelligent, semblable à lui seul et dissemblable à toutes choses, la force générale de la nature, l'*âme du monde* (*animus per naturam rerum omnium intentus et commeans* [1]) embrasse l'univers par sa force motrice et vivifiante, le tient uni et traverse le tout, toujours immuable en lui-même, quoique moteur par son action.

L'organe immédiat et pur de cette force universelle est le feu éthéréen *Vesta* (*Ἑστία*). Le récipient pur et universel de cette puissance est l'espace infini, l'Olympe (*ὅλος λάμπω*) qui entoure le monde formel et réel. Et le feu éthéréen central, révélateur de l'esprit ordonnateur du monde divin, se révèle à son tour dans le feu sidéral, dans les astres, dans le soleil, poste d'observation de Jupiter, principe de vie et de chaleur dans la nature et dans les âmes humaines.

Celles-ci, émanations pures et subtiles du feu central, sont actives comme lui; unies temporairement à des corps terrestres, à des formes gros-

---

[1] *De nat. Deor.*

sières et matérielles, elles s'en dégagent peu à peu,
pour reprendre leur pureté primitive, leur identité originelle avec leur principe, leur ressemblance
éternelle avec le Dieu immortel (ὁμολογία πρόσ τον
θέον), pour s'unir et se conformer dans cette haute
autopsie ou *théophanie* au Dieu-Être, et redevenir
Dieu elles-mêmes[1].

Cette délivrance de l'âme dépend de la vertu et
de la vérité. La vertu, qu'elle acquiert par la purification, tempère et dirige ses passions; la vérité,
qu'elle obtient par son union avec l'Être des Êtres,
dissipe les ténèbres de son intelligence; l'une et
l'autre, agissant de concert en elle, lui donnent la
forme divine et la conduisent à la suprême félicité.

Ainsi et le principe éternel, et le feu central, et
le soleil visible, et l'âme des hommes, et le centre
des existences terrestres, tout est un, homogène
dans sa nature[2].

De ce rapport intime, permanent et éternel de
toutes choses dans l'unité du principe suprême, qui
par sa force universelle pénètre et unit tout, il résulte

[1] En laissant sur le cœur régner l'intelligence ,
  Afin que , s'élevant dans l'éther radieux,
    Au sein des immortels , tu sois un Dieu toi-même ;
  Instruit par eux , alors rien ne t'abusera.
  Des êtres différents tu sonderas l'essence ,
  Tu connaîtras de tout le principe et la fin.
(Fab., Vers dorés, p. 356).
[2] Tu sauras, si le ciel le veut, que la nature,
  Semblable en toute chose , est la même en tout lieu.
(Fab., Vers dorés, p. 183).

4.

que, dans le système du monde, tout ce qui est et advient, est déterminé d'une manière nécessaire par les lois éternelles de l'harmonie, comme les nombres sortent nécessairement et harmonieusement les uns des autres, s'enchaînent et s'unissent dans leurs rapports et forment le système invariable de l'immuable arithmétique. C'est donc l'inflexible nécessité qui régit le monde, qui domine l'univers. Et le principe d'où émane cette loi mathématique nécessaire, l'Être primordial par qui est éternellement conservée l'harmonie, le Dieu du monde et de l'univers, n'est autre que le *Fatum* qui gouverne, dirige, détermine inflexiblement toute chose.

§ 39.

Héraclite d'Éphèse.

Cette fatalité panthéiste, qui se résout, suivant l'avis de plusieurs, en un rigoureux hylozoïsme, est plus manifeste encore dans le système cosmogonique d'un des disciples de Pythagore, qui expose, dans sa rigueur, cette éternelle identité de l'univers et de son principe.

L'univers, dit Héraclite d'Éphèse [1], a toujours été et sera toujours un feu vivant, éternel, intelligent, s'allumant et s'éteignant d'après des lois certaines et déterminées. Le monde n'est qu'une substance ignée; le feu est l'être, le substratum de toutes choses:

[1] 500 avant Jésus-Christ. *Arist. de anim.*, I, II, Tennemann. *Hist. de la philos.*

$\pi\tilde{v}\varrho\ \dot{\alpha}\varepsilon\dot{\iota}\ \zeta\omega\dot{o}\nu$. Cet être, qui a toujours été, est, et sera, qui n'a ni origine ni terme, n'est pas l'élément visible dans la flamme; celle-ci est une forme qui passe et change, naît et meurt, paraît et disparaît comme les formes de la nature, comme la nature elle-même, qui, sans fixité et sans persistance, n'est qu'un écoulement perpétuel ($\dot{\varrho}o\acute{\eta}$), une émanation continue de la force active et du mouvement vivifiant de la nature foncière du feu, $\dot{v}\pi o\varkappa\varepsilon\acute{\iota}\mu\varepsilon\nu\eta$. Toujours actif, toujours en mouvement, le feu éternel, principe de la vie physique et de la vie intellectuelle, force générale et raison universelle du monde ($\varkappa o\iota\nu\acute{o}\varsigma\ \lambda o\gamma\grave{o}\varsigma$) se manifeste par son expansion et sa concentration, par son action centrifuge et centripète, comme un véritable Protée, sous les formes les plus diverses, les espèces les plus multiples, les apparences les plus variées, toujours le même en lui, et toujours autre et différent de lui-même dans sa manifestation phénoménique.

§ 40.

Le philosophe qui avait inscrit à la porte de son école : « Que nul n'entre ici s'il ne sait la géométrie ! » ne dissimulait point qu'il avait puisé sa doctrine théologique et cosmogonique dans les leçons des Pythagoriciens de la grande Grèce. Aussi est-ce dans la bouche d'un de ces disciples de Pythagore, Timée de Locres, avec lequel il avait beaucoup vécu[1], que Platon[2] met l'exposé le plus complet qui nous soit parvenu de ses idées sur Dieu, le monde et leur rapport. Si le panthéisme de Platon est moins explicite que celui de l'École italique, si le système de l'émanation y est moins formel, cette erreur cependant se déduit nécessairement des passages que nous allons transcrire; 1° parce que, posant une matière éternelle, tout ce qui est fait de cette substance matérielle, est éternel comme la matière, et que les idées d'éternité et de divinité sont tellement corrélatives, que Platon appelle le monde le Dieu engendré; 2° parce que l'âme, que le Dieu suprême donne à ce monde pour l'animer, est faite d'un mélange de la substance matérielle et de la substance divine proprement dite, et qu'ainsi elle est nécessairement consubstantielle avec le principe dont elle est tirée et rend consubstantiel avec celui-ci le monde, qu'elle unit à Dieu.

Il y a, dit le Locrien Timée[3], deux causes de tout ce qui existe; l'intelligence, cause de tout ce qui se fait avec dessein; la nécessité, cause de ce qui résulte forcément de la nature des corps. Tout ce qui existe est idée, ou matière, ou phénomène sen-

[1] *Cic. de finibus*, V. 29. *De Repub.*, I, 10.

[2] De 430 à 348 avant Jésus-Christ.

[3] *OEuvres de Platon*, trad. de V. Cousin, t. XII, p. 380 et suiv. Ce premier passage est extrait d'un petit traité sur l'*âme du monde*, attribué à Timée de Locres, et qu'on reconnaît comme l'œuvre apocryphe d'un néoplatonicien du premier ou deuxième siècle avant l'ère chrétienne.

sible né de leur union. L'*idée* n'est ni engendrée, ni mobile; elle est permanente, toujours de même nature, intelligible, modèle de tout ce qui, ayant pris naissance, est soumis au changement. La *matière* est le réceptacle de l'idée, la mère et la nourrice de l'être sensible. C'est elle qui, recevant en elle l'empreinte de l'idée et façonnée sur ce modèle, produit les êtres qui ont un commencement. La matière est éternelle, mais non immuable. Par elle-même dépourvue de forme et de figure, elle est susceptible de recevoir toutes les formes; elle devient divisible en devenant corps : elle est le lieu et l'espace. Tels sont les deux principes contraires dont Dieu composa le monde.

Dieu était bon[1], il a voulu que toutes choses fussent, autant que possible, semblables à lui-même.

Dieu voulant que tout soit bon, prit la masse des choses visibles, qui s'agitait d'un mouvement sans frein et sans règle, et du désordre il fit sortir l'ordre. Or celui qui est parfait en bonté n'a pu et ne peut rien faire qui ne soit très-bon. Il trouva que de toutes les choses visibles il ne pouvait absolument tirer aucun ouvrage qui fût plus beau qu'un être intelligent, et que dans aucun être il ne pouvait y avoir d'intelligence sans âme. En conséquence

---

[1] *OEuvres de Platon*, trad. de V. Cousin. Timée, t. XII, p. 119. *Platonis philosophi quæ exstant*, etc. Biponti, 1786, t. IX, p. 301, 311, et suiv.

il mit l'intelligence dans l'âme, l'âme dans le corps, et il organisa l'univers de manière à ce qu'il fût par sa configuration l'ouvrage le plus beau et le plus parfait. Ainsi ce *monde est un animal* véritablement doué d'une âme et d'une intelligence par la Providence divine [1].

Tout ce qui a commencé doit être corporel, visible et tangible. Or, rien n'est visible sans feu, ni tangible sans quelque chose de solide, ni solide sans terre. Dieu commença donc par composer le corps de l'univers, de feu et de terre. Mais comme les corps solides ne se joignent jamais ensemble par un seul milieu, mais par deux, Dieu plaça l'eau et l'air entre le feu et la terre. C'est de ces quatre éléments réunis de manière à former une proportion, qu'est sortie l'harmonie du monde. De plus, Dieu donna au monde la forme la plus convenable et la plus appropriée à sa nature, la forme sphérique, ayant partout les extrémités également distantes du centre, ce qui est la forme la plus parfaite et la plus semblable à elle-même.

C'est ainsi que le Dieu, qui existe de tout temps, avait conçu le Dieu qui devait naître [2]; il le polit, l'arrondit, en forma un tout, un corps parfait composé de tous les corps parfaits. Puis il mit l'âme au

---

[1] Δεῖ λέγειν, τόνδε τὸν κόσμον, ζῶον ἔμψυχον ἔννεν τε τῇ ἀληθείᾳ διὰ τὴν τῦ θεοῦ γενέσθαι πρόνοιαν. Id., p. 306.

[2] Οὗτος δὴ πᾶς ὄντως ἀεὶ λογισμὸς θεῦ, περὶ τὸν ποιεσόμενον θεὸν λογισθείς. Id., p. 311.

milieu, l'épandit partout [1], en enveloppa le corps,
et ainsi il fit un globe tournant sur lui-même, un
monde unique, solitaire, se suffisant par sa propre vertu, n'ayant besoin de rien autre que soi, se
connaissant et s'aimant lui-même. De cette manière
il produisit un *Dieu bienheureux* [2].

§ 41.

Mais Dieu ne fit pas l'âme la dernière, et voici de
quoi et comment il la fit. Avec la substance indivisible et toujours la même, et avec la substance divisible et corporelle, il composa une troisième espèce de
substance intermédiaire [3]. De ce mélange il prit une
partie égale à 384 unités, qu'il disposa suivant une
double progression et des quantités proportionnelles
aux intervalles musicaux; et ceux-ci, formant les oc-
taves au nombre de 36, et donnant une somme to-
tale de 114695, donnent par là le nombre des parties de l'âme.

Alors l'auteur du monde construisit au dedans
de l'âme tout ce qui est corporel; e t rapprochant
l'un de l'autre le centre du corps et celui de l'âme,
il les unit ensemble, et l'âme, infuse partout, de-

---

[1] Διὰ παντός τε ἔτεινε, καὶ ἔτι ἔξω τὸ σῶμα αὐτῇ ἐπεκαλύψε. Id.

[2] Εὐδαίμονα θεόν; p. 312.

[3] Τῆς ἀμερίστυ καὶ ἀεὶ κατὰ ταυτὰ ἐχύσης ὐσίας, καὶ τῆς αὖ περὶ τὰ σώματὰ γενομένης μεριστῆς, τρίτον ἐξ ἀμφοῖν ἐν μέσῳ συνεκεράσατο οὐσίας εἶδος. Id., p. 312.

puis le milieu jusqu'aux extrémités, et enveloppant le monde circulairement, introduisit en tournant sur elle-même, le divin commencement d'une vie perpétuelle et bien ordonnée pour toute la suite des temps.

Le père du monde, voyant cette image des dieux éternels en mouvement, se réjouit, et dans sa joie il pensa à la rendre encore plus semblable à son modèle; et celui-ci étant un animal éternel, Dieu résolut de faire une image mobile de l'éternité, et par la disposition qu'il mit entre toutes les parties de l'univers, il fit de l'éternité, qui repose dans l'unité, cette image éternelle, mais divisible, que nous appelons le *Temps.* Pour en marquer et maintenir la mesure, il fit naître le soleil, la lune et les cinq planètes, auxquels il assigna les sept orbites qui forment le cercle de ce qui est divers.

Mais Dieu jugea encore qu'il fallait mettre dans ce monde des espèces d'animaux de même nombre et de la même nature que ceux que son esprit perçoit dans l'animal réellement existant, à l'imitation duquel est fait ce monde. Or, il y en a quatre, la race céleste des Dieux, les animaux ailés, ceux qui habitent les eaux et ceux qui marchent sur la terre.

Il composa l'espèce divine presque tout entière de feu, et la distribua dans l'étendue du ciel dont elle est le véritable ornement. Quand les astres, ces animaux divins et immortels, eurent ainsi pris naissance, l'auteur de l'univers leur parla ainsi:

Dieux, issus d'un Dieu, écoutez mes ordres. Il reste encore à naître trois races mortelles : sans elles le monde serait imparfait. Appliquez-vous donc, selon votre nature, à former ces animaux, en imitant la puissance que j'ai déployée moi-même dans votre formation. Quant à l'espèce qui doit partager le nom des immortels, être appelée divine et servir de guide à ceux des autres animaux qui voudront suivre la justice et vous, je vous en donnerai la semence et le principe. Vous ensuite, ajoutant au principe immortel une partie périssable, formez-en des animaux ; faites-les croître en leur donnant des aliments, et après leur mort, recevez-les dans votre sein. Il dit, et, dans le même vase où il avait composé l'âme du monde, il mit les restes de ce premier mélange, et les mêla à peu près de la même manière. Ayant achevé le tout, Dieu le partagea en autant d'âmes qu'il y a d'astres, en donna une à chacun d'eux et leur expliqua ses décrets inviolables. La première naissance sera la même pour tous : chaque âme placée dans celui des organes du temps qui convient le mieux à sa nature, deviendra un animal religieux ; quand par une loi fatale, les âmes seront unies à des corps, celle qui passera honnêtement le temps qui lui a été donné de vivre, retournera après sa mort vers l'astre qui lui est échu et partagera sa félicité. Celle qui aura failli sera changée en femme à la deuxième naissance, et si elle ne s'améliore pas dans cet état, elle sera changée successivement, suivant le caractère de ses vices, en l'animal auquel ses mœurs l'auront rendue semblable. Et ses transformations et ses supplices ne finiront point avant que, domptant par la raison la masse élémentaire turbulente et désordonnée, elle se rende digne de recouvrer sa première et excellente condition.

§ 42.

Le Lycée.   Aristote[1] suivit durant vingt ans les leçons de Platon, sans paraître l'avoir compris. Sa raison forte et subtile ne put s'élever à la hauteur de l'intelligence du maître. Les idées platoniciennes ne furent pour lui que des abstractions, des notions générales, sans réalité, sans vérité, formées d'une manière contraire aux procédés réguliers et logiques de la raison, dont il resta, dans la suite des âges, le législateur suprême. Aussi prit-il à tâche de combattre dans tous ses ouvrages la doctrine de l'Académie, pour y substituer un système complétement rationnel, si difficile à saisir, qu'au dix-neuvième siècle on se demande encore, dans le monde savant et philosophique, ce qu'a prétendu établir le philosophe de Stagyre, et qu'on a disputé, durant tout le moyen âge, sur la question de savoir si Aristote croyait ou ne croyait pas en un Dieu, en des dieux supérieurs à l'homme. S'il y croyait, certes, ce n'était qu'à la manière des panthéistes. Son dieu n'est pas un Dieu personnel;

---

[1] De 384 à 447 avant Jésus-Christ.

son dieu est la Raison même de l'homme déifiée, ou plutôt son dieu n'est que le produit le plus pur et le plus élevé, la notion la plus haute et la plus générale de la raison, abstrayant et extrayant des individus ce qui est commun à tous et n'est rien en soi, ce qui appartient substantiellement à chaque être individuel et n'existe dans son universalité que dans et par la raison de l'homme, à savoir, la notion pure et universelle de l'Être.

§ 43.

Enseigner, démontrer, dit Aristote[1], c'est le propre de la science.

Or, démontrer, c'est prouver une conséquence par un principe, un effet par la cause. L'expérience donne les faits, la science la raison des faits, et c'est la cause qui est cette raison. La Philosophie première est donc, comme toute science, une science de causes ou de principes; elle est la science des premiers principes. La science a, comme la nature, son commencement et sa fin.

Si la suite des causes n'avait pas de bornes, la

[1] *Aristotelis opera;* Basileæ, 1531. *Metaph.,* I, VII, XIII, *passim. De anim., passim.* Cic., *de nat. Deor., passim.* F. Ravaisson, *Essai sur la métaphysique d'Aristote,* ouvrage couronné par l'Institut (académie des sciences morales et politiques), t. I, p. 347, 581, 585, 595 et *passim.* La plupart des passages de notre analyse sont extraits de cet ouvrage.

démonstration, qui est la preuve par les causes, irait à l'infini. Or, la pensée ne finirait jamais de traverser l'infini. La science serait donc impossible. Point de causes sans des causes premières dont tout vienne et qui ne viennent de rien; point de science, sans des principes d'où descende la démonstration et qui ne se démontrent pas.

Toutes les causes se ramènent à un nombre de classes déterminées. Tout être, qui n'est pas sa cause à lui-même, est le produit de quatre causes ou de quatre principes, qui déterminent et remplissent toutes les conditions de l'existence réelle; la *matière*, la *forme*, la *cause motrice* et la *cause finale*.

Prises en elles-mêmes, dans l'expression abstraite de leur causalité, les causes ne sont que des points de vues généraux, des lieux, d'où toute science doit successivement considérer son sujet : ἅπαντα δέ τὰ νῦν εἰρημένα αἴτια εἰς τέτταρας πίπτει τοπους τοῦς φανερωτάτους. Les causes ne sont des causes que dans leur rapport immédiat avec une chose, un être dont elles déterminent l'existence, et qu'elles font être ce qu'il est.

La science des premiers principes est donc la science universelle de l'être en tant qu'être. Mais l'être n'est ni l'accident, ni la vérité. L'accident est un résultat passager du hasard. La vérité est une relation dépendante d'un état de la pensée. L'être véritable, objet de la métaphysique, est ce qui existe en soi. Ce qui existe en soi est en dehors des combinaisons de l'entendement. Ce n'est donc pas dans le rapport exprimé par la proposition que nous devons chercher l'être en soi, mais dans les termes simples par la combinaison desquels l'entendement la constitue.

Ces termes simples forment des espèces; les espèces forment des genres. Il y a dix *genres* entre lesquels se partagent, en définitive, tous les attributs que l'entendement peut affirmer (κατηγορεῖν) d'un sujet, *dix catégories*, qui ne se résolvent pas les unes dans les autres, qui ne se ramènent pas à un genre plus élevé et qui expriment tout ce que peut être l'être en soi. Ce sont: l'être proprement dit, la quantité, la qualité, la relation, le lieu, le temps, la situation, la possession, l'action, la passion.

De ces dix catégories, il y en a qui n'ont d'existence réelle que dans un sujet différent d'elles-mêmes. Une seule existe par elle-même et sert de sujet à toutes les autres. La catégorie de l'Être renferme les substances dont toutes les quantités, qualités, relations, etc., ne sont que les accidents, c'est l'être en soi par excellence (οὐσία).

Le premier, l'unique objet de la science de l'être, est l'être proprement dit, qui n'est pas seulement le sujet dans lequel toutes les catégories existent, mais encore le sujet dont elles s'affirment toutes et qui seul ne s'affirme de rien. Il y a des choses qui ne peuvent jouer dans la proposition que le rôle d'attributs. Dans cette classe se rangent les attributs universels qui constituent les analogies des genres différents. L'*universel* n'a rien de la substance, ni par conséquent de l'être : c'est un rapport, une forme dépourvue de réalité. *L'individu est la substance primaire*, qui ne suppose rien et par conséquent la seule vraie substance : πρώτη μὲν γὰρ οὐσιὰ ἴδιος ἑκάστῳ ἢ οὐκ ὑπὰρχεν ἄλλῳ.

L'être ne consiste donc ni dans les catégories générales de l'être, ni dans aucun des genres qu'elles renferment, ni dans aucune de leurs espèces : c'est l'être particulier qui n'existe qu'en soi, d'une existence indépendante, l'individu, τὸδε τί, objet de l'expérience et de l'intuition.

Tous les individus ont pour *matière* le corps. La matière, ou le principe passif est, dans le monde, comme la femelle qui renferme le germe : la *forme* est comme le mâle qui la féconde. C'est dans le sein de la femelle que se passe le mouvement et se transforme le germe ; la puissance passive et la puissance active s'unissent dans une action commune, dans un commun produit. Cette forme essentielle, substantielle des êtres qui se meuvent eux-mêmes, est leur nature.

La nature est la cause du mouvement dans le sujet même où elle réside. Ce n'est pas une force étrangère au corps qu'elle met en mouvement. C'est une puissance inséparable, quoique distincte du mobile.

Toute nature, liée nécessairement à une matière, est une activité concrète, une forme en une matière. Sa fin n'est pas, comme celle de l'art, une concep-

tion, une idée, un type arbitraire, qui n'est que
dans la pensée et que la volonté réalise. La nature
n'a pas de choix à faire : sa forme, c'est elle-même,
dans sa réalité concrète; sans choix, sans délibéra-
tion, elle aspire, elle marche d'un mouvement continu vers sa perfection. Ce mouvement régulier,
cette activité infatigable, qui ne fait rien en vain et
qui, sans le savoir et sans l'avoir voulu, pousse incessamment la matière, indocile et rebelle, au développement parfait de ses puissances, n'est pas
autre chose que la vie.

Ainsi le principe intérieur du changement, de la
chaleur et de la vie, la nature, l'âme, $\psi\nu\chi\grave{\eta}$, sont
même chose. L'âme n'est pas une substance, un
sujet, mais une forme, la forme d'un seul et unique
corps dont elle fait la vie propre et l'individualité.
Elle n'est pas le corps, mais sans le corps elle ne
peut pas être; elle est *quelque chose du corps,* $\sigma\tilde{\omega}\mu\alpha$
$\mu\grave{\varepsilon}\nu\ \gamma\alpha\varrho\ o\grave{v}\varkappa\ \check{\varepsilon}\sigma\tau\iota,\ \sigma\acute{\omega}\mu\alpha\tau o\varsigma\ \delta\acute{\varepsilon}\ \tau\grave{\iota}.$

Lorsque le corps, doué d'abord du mouvement
naturel, est organisé, et que toutes ses parties sont
disposées pour les fonctions vitales, il ne lui manque
plus pour vivre qu'une seule chose, l'acte même
de la vie, et cet acte, c'est l'âme.

Mais la nature ne peut se dégager que par degré
des liens de la matière et de la nécessité; ce n'est
que par une progression ascendante des formes
qu'elle atteint la forme la plus haute. C'est une
même puissance qui, d'organisation en organisation,
d'âme en âme, monte d'un mouvement continu

jusqu'au point culminant de l'activité pure; c'est l'être sortant par degré de la stupeur et du sommeil.

§ 44.

Le plus bas degré de la nature est la simplicité absolue des corps élémentaires.

Au-dessus de l'élément vient le mixte, qui suppose la différence des principes constitutifs et l'homogénéité des parties intégrantes.

Au delà de la mixtion vient l'organisation, synthèse hétérogène de différents mixtes homogènes, dont l'unité est la vie.

La première forme de la vie est la *végétation*, d'où la plante.

Le second degré de la vie est la *sensation*, ce qui fait l'animal.

Le sens général s'élève, par une abstraction successive, du mouvement aux formes immobiles, qui sont l'objet des mathématiques, et de la réalité de la nature à des conceptions. Alors et à sa plus haute puissance, c'est l'*entendement*. (τὴν διάνοιαν καὶ τὴν κοινὴν αἴσθησιν. — Κοινὴ αἴσθησις, διάνοια, δοξαστικὸν, λογιστικὸν, termes équivalents).

Cependant, pour que le sens général s'élève de l'entendement même à sa forme la plus haute, il faut un dernier développement, qui porte à un plus haut degré la mobilité de l'organisme, et achève de le soumettre à l'empire de l'âme.

Tant que la partie inférieure du corps est trop

grêle et trop faible, et qu'il faut quatre membres pour le supporter, la face, où siègent les sens, est voisine de la terre, et la chair pèse sur l'âme. Dès que les membres s'étendent et s'affermissent, le corps se relève, l'animal se tient et marche debout, l'intelligence se libère du poids de la matière, la mémoire se fortifie, la volonté se fait jour, avec elle la raison. Dès qu'on voit poindre le pouvoir de délibérer et de choisir, ce n'est plus l'âme sensitive, mais l'âme raisonnable; ce n'est plus l'animal, c'est l'homme.

La première puissance d'où était partie la nature était l'indétermination absolue de la matière, qui, de deux formes contraires, peut prendre indifféremment l'une ou l'autre; la dernière puissance où elle arrive est la puissance active, qui délibère entre deux partis opposés et qui se décide elle-même pour celui qu'elle préfère. Toutes les formes inférieures ne sont que des degrés par lesquels la nature s'est élevée à cette forme excellente de l'humanité. L'homme les représente toutes.

L'humanité est donc la fin de la nature. La nature ne fait rien en vain, et c'est pour l'homme qu'elle a tout fait. Mais l'humanité est le résumé de tous les règnes et de toutes les époques de la nature. Elle a donc aussi son commencement, sa fin, ses degrés de perfection, et ce n'est que dans sa fin qu'est sa perfection. L'âme est la fin du corps: l'action est la fin de l'âme. Le premier de tous les biens est donc l'exercice de l'activité naturelle de l'âme.

5.

Le dernier et suprême degré de la vie et de l'activité est *la sagesse*. Le sage est celui qui sait d'une science certaine et invariable ce qui ne peut pas ne pas être et ne peut pas varier. Or, ce qui ne peut pas ne pas être, ce qui est nécessaire par soi-même, c'est l'être simple, identique à soi-même, de toute éternité. Mais, pour saisir le simple et l'invariable, il faut une vue simple et invariable, par conséquent un acte perpétuel de pensée, exempt de toute condition matérielle, supérieur à l'opposition et au changement : c'est là qu'est la sagesse.

La sagesse est donc la perfection absolue de l'activité de l'âme. La sagesse seule a, en elle, sa fin et sa satisfaction. La vie spéculative de la sagesse est une vie solitaire, dont l'objet est l'être nécessaire et simple, Dieu. Dieu n'est point séparé par la matière et l'espace de la chose qui le pense. Entre la chose qui pense et la chose pensée il n'y a pas ici de milieu ; elles se touchent. L'acte de la spéculation est un acte immanent qui ne sort pas de lui-même et de son indivisible unité. La fin de la nature est l'action parfaite de la pensée pure dans l'unité absolue de la spéculation.

§ 45.

Telle est la marche de la nature, de l'imperfection de la matière à la perfection de la forme, de la puissance à l'acte, du néant à l'être.

Du sein de l'infini par une suite de transformations insensibles, elle s'avance vers sa fin, se dégageant peu à peu du chaos, sortant par degrés du sommeil ; elle n'est tout entière elle-même qu'au terme de son mouvement, à ce moment suprême de l'activité de la raison.

Or, pour amener la puissance à l'acte et le mouvement à sa fin, il faut une cause motrice, et c'est cette cause première que la philosophie a toujours cherchée vainement, dont tout le monde a rêvé, sans que personne l'ait jamais connue.

La fin dernière ne se trouve qu'au sommet de la série des êtres ; car tous les êtres jusque-là sont des formes imparfaites et des fins relatives. Mais dans chaque terme se retrouvent les termes subordonnés ; dans tous par conséquent se retrouve le dernier terme, c'est-à-dire le point où commence le développement de la puissance.

Comment le premier moteur peut-il donner le mouvement ? Le premier moteur est un être, et un être toujours agissant, si bien que hors de lui il n'y a dans le monde qu'une puissance passive, docile à son action ; c'est lui qui se pense dans le monde, et qui, par sa pensée, lui donne l'être, le mouvement et la vie.

Cette cause première du mouvement, cette cause finale n'est pas une fin éloignée, séparée par quelque milieu de ce qui aspire à elle, et qui ne puisse être atteinte que par une suite de moyens.

Le propre de la cause motrice, c'est qu'elle est en même temps que son effet et le mobile où elle le produit. Car cette cause, c'est celle qui agit par impulsion et au contact, et le contact suppose la simultanéité.

Or, le monde et sa cause finale se touchent, sans qu'aucun intermédiaire les sépare. Elle n'est pas pour lui un objet lointain, désiré, mais un objet aimé, dont la contemplation immédiate remplit tout son être; ou plutôt, si c'est cet objet même qui se pense dans la matière, et de sa pensée éveille en elle le désir, n'est-ce pas lui, n'est-ce pas le bien suprême qui s'aime comme il se pense, et qui, ainsi qu'un père se contemplant dans son fils, embrasse le monde auquel il donne l'être, dans un acte éternel d'amour?

Cause motrice, cause finale, forme essentielle, trois principes qui, dans la nature et dans la réalité absolue supérieure à la nature, ne sont que des points de vue et des rapports différents d'un seul et même principe.

Ce principe est à la fois l'intelligence et l'intelligible; entre le sujet et l'objet de la connaissance il n'y a plus de milieu, plus de moyen terme : LA PENSÉE ET L'ÊTRE NE FONT QU'UN. L'unité absolue du premier principe est l'unité de l'action de l'intelligence. Toute vie est dans l'action, et dans le plus haut degré de l'action est le degré le plus élevé de la vie.

Ce premier principe est donc un être vivant. En outre le plaisir est inséparable de l'action, et l'action du plaisir; dans l'action la plus pure se trouve nécessairement la plus pure félicité. Le premier principe est donc un être vivant, éternel et parfait dans une félicité parfaite. Cet être, c'est ce qu'on appelle DIEU. *Φαμὲν δὲ τὸν θεὸν εἶναι ζῷον ἀΐδιον ἄριστον. Ὥστε ζωὴ καὶ αἰὼν συνεχὴς καὶ ἀΐδιος ὑπάρχει τῷ θεῷ· τοῦτο γαρ ὁ θεός.*

Dieu n'est pas une idée inactive, une essence ensevelie dans le repos et comme dans un sommeil éternel. Dieu est une intelligence vivante, heureuse du bonheur simple et invariable de sa propre action et qui en remplit incessamment toute l'éternité.

Cette essence divine ne doit pas être cherchée dans la VIRTUALITÉ D'UNE SUBSTANCE PENSANTE, *mais dans l'action...* elle n'est pas l'intelligence (*Νοῦς*) à proprement parler, MAIS LA PENSÉE TOUTE SEULE (*Νοήσις*).

Il n'y a rien dans l'intelligence spéculative ou absolue, que l'action de la pensée qui se pense elle-même sans changement comme sans repos, *et la pensée véritable est la pensée de la pensée. Αὐτὸν ἄρα νοεῖ, εἴπερ ἐστὶ τό κράτιστον, καὶ ἔστιν ἡ νοήσις νοήσεως νοήσις.*

En définitive, la nature est comme pénétrée de la pensée substantielle qui lui donne la vie et qui l'agite sans cesse d'un inquiet et insatiable désir : elle fait tout, sans le savoir, pour une seule et même fin, qui est la raison même. L'univers, la science, la vertu, le monde du corps et de l'âme, tout n'est que l'instrument, l'organe fait pour servir à la pensée divine, qui pense sa pensée dans l'éternité de son action uniforme et de sa félicité suprême[1].

---

[1] *Aristotelis opera*. Basileæ, 1531. *Metaph.*, XII, XIII.

§ 46.

Le Portique.   Le Dieu d'Aristote, si Dieu il y a pour Aristote, est un Dieu abstrait, logique, insaisissable, qui n'a d'être que dans et par la raison, ou plutôt il n'est que la raison humaine elle-même divinisée.

Voici maintenant la nature, la matière divinisée à son tour, dans la doctrine non moins logique et peut-être plus conséquente du Portique. Ce n'est plus le Dieu-Raison, c'est le *Dieu-Monde* dont le nom est constamment dans la bouche de Zénon [1], Ariston, Cléanthe [2] et Chrysippe [3].

Le monde, dit Zénon et son école, considéré comme système, ne peut être éternel, mais a nécessairement un commencement [4].

De Cœlo, I, IV. Cic. *de nat. Deor.* Paris, Panckoucke, 1835, p. 45, 163, 173 et 359.

[1] 340 avant Jésus-Christ.

[2] 264 avant Jésus-Christ.

[3] 280 avant Jésus-Christ. Cleanthus autem, qui Zenonem audivit, unà cum eo quem proximè nominavi, tùm ipsum mundum Deum dicit esse. Tùm totius naturæ menti atque animo tribuit hoc nomen : tùm ultimum, et altissimum, atque undique circumfusum, et extremum omnia cingentem atque complexum ardorem, qui æther nominatur certissimum Deum judicat. *De nat. Deo*, I, § 14.

[4] Les Stoïciens prouvent, par diverses démonstrations, la nécessité d'un commencement du monde, comme l'avait fait déjà Aristote dans sa métaphysique.

Quel est le principe de ce monde?

Ce monde a une double manière d'être, active et passive. Donc il a deux principes, doués, l'un d'une puissance passive, *principium ex quo*, l'autre d'une force active, *principium per quod*.

Le principe passif est la matière première, masse substantielle, morte, non ordonnée, sans qualité particulière, sans caractère distinct, sans force. Cette masse, invariable quant à la quantité, est capable d'être *formée, bildungsfähig*, comme disent les Allemands : elle peut recevoir toutes les qualités, toutes les formes, que le principe actif, par son influence, produit et détermine.

Ce principe actif, quant à sa substance, est aussi un être corporel (car tout ce qui est, existe et subsiste, est corps; le corps seul peut être réellement et actuellement); mais ce principe actif, matériel a une nature de feu éthéréen, πνεῦμα; c'est le feu artiste, *ignis artificiosus*, distinct par sa nature du feu élémentaire. Ce principe, par la force et l'activité dont il est doué, donne à la matière informe et immobile la forme et le mouvement, et devient ainsi la cause effective de la naissance et de la formation du monde et des choses qu'il renferme dans sa totalité. Car rien ne vient de rien, d'où la nécessité de la matière première, *ex quo;* mais par rien, rien ne vient à être, d'où la nécessité de la cause première, *per quod.*

Cette cause virtuelle, efficiente, se manifeste de diverses manières. D'abord elle forme et modèle la masse inordonnée, elle en extrait et sépare les éléments, qui apparaissent sous des formes propres, avec des qualités spéciales, et qui continuent à subsister comme tels ; dans cette première manifestation, elle a pour substratum matériel l'air.

Ensuite, comme cause de toute vie dans la nature, de la vie inférieure de la plante et de la vie supérieure de l'intelligence, elle a pour substratum matériel, l'éther pur, qui, par sa puissance pénétrante, vivifie et anime tout.

Donc un principe un, avec des puissances et des fonctions diverses, agissant d'après des lois fixes et certaines, lois mécaniques dans la sphère inorganique, organiques dans le règne organique, rationnelles dans la sphère intelligente.

Comme puissance rationnelle, le principe actif est en même temps la source primordiale du droit et de la morale, le principe de la législation et de l'ordre moral. Car la loi morale est la loi la plus haute de la puissance rationnelle, qui forme, conserve, régit le monde d'après des idées et un but moral.

Ce principe actif est Dieu.

§ 47.

Dieu, la raison divine, l'âme du monde, est partie intégrante du monde. Il est le seul positif, le principe moteur, le principe vivifiant, animant ; il est la force générale de la nature, unie à celle-ci, comme l'âme l'est au corps : car l'homme est l'image

du monde, il est le monde en abrégé, le *microcosme*
en rapport avec le *macrocosme* universel ; et comme
l'âme et le corps, qui ne font qu'un, ne sont cependant pas même chose, ainsi l'âme du monde est
différente du monde corporel, inerte par lui-même,
et vivifié par elle.

Et de même que parmi les puissances de l'âme,
la raison, principe moral et législateur, est la puissance la plus sublime, ainsi, parmi les puissances
de l'âme du monde, la raison universelle est la
puissance motrice, législatrice et souveraine, le ἡγε-
μονικόν dans le macrocosme.

Mais de même aussi que l'âme, habitant le corps,
le pénètre dans toutes ses parties, et par le lien de
la vie lui est unie et forme avec lui le tout d'une
individualité humaine, ainsi Dieu est un et identique avec le monde.

Le monde est avec Dieu dans un rapport de dépendance et d'immanence : de dépendance, car ce qui
commence dépend de ce qui produit, ce qui passe
de ce qui le détruit ; d'immanence, car l'âme est
inséparable du corps, le principe de l'effet, la nature de ce qui la pénètre et la vivifie, et Dieu est
l'âme du monde, *natura naturans ;* ce qu'il est, est
au monde ; ce qu'il a, appartient au monde ; ses attributs sont ceux du monde, le monde est comme lui,
avec lui, en lui et par lui, non-seulement vivant,
animé, mais sage, mais raisonnable, mais heureux.

§ 48.

Le monde, comme système, a commencé; il y a donc eu un *cahos* primitif, alors que le principe actif n'avait point encore travaillé cette matière cahotique et formé le système du monde. Alors aussi la force de ce principe était latente; car si elle se fût toujours activement manifestée, le monde aurait éternellement existé, ce qui est impossible.

L'*involution* a donc précédé l'*évolution* : la force agissante du principe immanent du monde dormait; elle s'est réveillée tout à coup, et l'évolution a commencé. Mais à son tour l'involution lui succédera; toutes choses retourneront à l'unité cahotique de la matière première, quand, dans la conflagration générale du monde, le principe actif manifestera sa puissance destructive, comme il a manifesté sa puissance productive et conservatrice. Et à ce retour, à cette involution succédera de nouveau une évolution, une renaissance du monde, et cela sans fin.

Dans l'involution primordiale le monde était Dieu implicite, *Deus implicitus,* ou *mundus in Deo implicitus, involutus.* Par l'évolution primordiale, Dieu est devenu monde: par le développement de ses puissances, il est devenu Dieu explicite, *Deus explicitus,* ou *mundus ex Deo evolutus.* Par l'involution finale de toutes choses, le monde redeviendra Dieu, matière première, ensevelie dans le sommeil cosmogonique, d'où jailliront de nouveau la vie, la force et l'action.

Ainsi le *Dieu-monde* est en un état d'expansion et de concentration permanent, régulier, périodique, alternatif. L'être passe à l'existence, l'existence rentre dans l'être; la vie sort de la mort, la mort absorbe la vie; la lumière émane des ténèbres et les ténèbres engloutissent la lumière. Et comme ces involutions et évolutions successives et éternelles sont nécessaires, Dieu est soumis au FATUM, qui le fait sortir et rentrer en lui-même; le monde est régi par une loi rigoureuse qui, à des époques fatales, le fait apparaître et disparaître.

Tout est déterminé et arrive invariablement comme il est déterminé; non-seulement les germes des êtres, mais les germes de leurs formes, qualités, accidents, modes et variations sont en puissance dans la matiere première et en sortent nécessairement et suivant des rapports nécessaires. La puissance productrice du principe actif ne produit que d'après ces lois et ces rapports prédéterminés; car la puissance rationnelle est en même temps puissance naturelle; elle n'agit que d'après des lois formatrices fondées dans la nature corporelle et la force active de la matière. Ce sont là les *rationes seminales*, λόγοι σπερματικοὶ, qui prédéterminent la forme de tout développement génétique, comme le développement d'une plante est prédéterminé par les lois inhérentes à la plastique végétale d'où sort la forme du végétal.

§ 49.

Ainsi le principe divin agissant à la fois comme principe naturel et rationnel, tout se fait dans le monde naturellement et rationnellement à la fois. L'organisme total de l'univers se développe et d'après les lois naturelles de la matière primitive, et d'après les lois rationnelles de la force formatrice radicale; de sorte que, entre la nécessité naturelle et l'obligation rationnelle ou morale, entre la loi naturelle du *falloir* et la loi morale du *devoir*, il n'y a pas de différence réelle; c'est une seule et même loi, considérée sous différents points de vue. Cette loi régit tout le développement dans son ascension et son progrès; elle va de l'imparfait au parfait, de la formation des éléments à celle des corps inorganiques, de la production des plantes et des bêtes à la manifestation de la nature humaine, jusqu'aux âmes, qui sont des émanations pures, de purs écoulements de l'âme divine du monde.

Tel est le Destin (*Εἱμαρμένη*), en face duquel il n'est plus de liberté ni divine ni humaine; tel est le *fatum* stoïque, torrent qu'on ne peut arrêter et qui dans son cours entraîne Dieu et homme, nature et monde, action et pensée, droit et loi, mouvement et volonté. Ce fatalisme rigoureux, à la fois physique et intellectuel, mécanique et logi-complétement réalisé dans le polythéisme que, s'est qui n'en est que l'expression sensible, puisque l'un figure et représente ce que l'autre imagine et pense.

§ 50.

Les Stoïciens divinisent la nature , les Éléates la Les Éléates. nient. Aristote avait dit : il n'y a que l'Être individuel qui soit ; l'universel n'existe pas, ou, s'il existe , c'est par la raison et dans la pensée de l'homme. Bien avant le Lycée et le Portique, Parménide [1] avait affirmé que l'universel seul est et peut être ; que l'existence individuelle n'est qu'une illusion des sens, une fiction, un mensonge. Pour Aristote l'homme est tout, et le Dieu qu'il pense n'en est qu'un produit. Pour les Éléates, l'homme n'est rien et Dieu seul est et peut se connaître. Le Stagyrite est un logicien subtil, Zénon est son fidèle disciple ; mais Parménide est leur maître à tous deux, et sa raison est bien autrement sévère, rigoureuse et dogmatique. Ce qui est, dit-il [2], est toujours ou jamais ; et comme rien ne provient de rien, ce qui est a toujours été, sans commencement et sans fin , de telle sorte que naissance et mort sont inimaginables. Comment quelque chose serait-il né? quelle puissance lui aurait ordonné de sortir de son néant et de devenir précisément maintenant, ni plus tôt ni

---

[1] 460 avant Jésus-Christ.

[2] *Simplicius in Arist. phys. de cœlo.* Tennemann , *Hist. de la phil.*, Parménide.

plus tard. Né? de rien? impossible et inconcevable[1];
de quelque chose qui existait? donc il y avait déjà
un être existant qui, par conséquent, était antérieur
et n'était pas né d'un autre; car *être c'est être*, c'est
être toujours semblable à soi, comme un tout parfait, qui ne peut être augmenté ni diminué.

Cet être est donc immuable; car tout changement serait une opposition, une sortie de l'être et
une progression vers le non-être. Il ne peut être sujet
au changement, puisqu'il est parfait, sans manque,
comprenant en lui toute réalité. Il est indivisible,
sans partie, sans degré. Rien ne peut être enlevé au
tout, il est toujours et partout un et identique avec
lui-même. Il est éternel; car le réel ne peut naître
ni mourir; ni naître du non-réel, ce qui serait
naître du néant, de l'impossible; ni naître du réel,
car le réel étant ne peut pas n'avoir pas été, ce qui
serait contradictoire; ni mourir, ou passer dans le
non-être, qui n'est pas; ou passer en un autre
être, ce qui ne serait pas mourir, mais continuer à
être. Il est infini, excluant toute multiplicité des
choses qui se limiteraient réciproquement dans le
temps.

Comme dans une sphère pleine et parfaite, il n'y a
dans l'être ni division, ni séparation, ni vide, point
de partie du tout qui soit plus remplie de réalité
que d'autres; car il n'y a qu'un être, qui, dans sa totalité absolue, comprend toute réalité, et hors du-

---

[1] *Parménide*, V, 43.

quel il n'y a rien de réel; à cet être absolument un
et invariable appartient le savoir, la science de lui-
même. La science absolue et l'être sont un et identiques; l'idéel et le réel, la pensée et son objet, sont
un dans l'Être Un qui se sait et se connaît, qui est
Dieu, qui est Tout et hors duquel il n'est rien [1].

§ 51.

Les Éléates nient le rapport des sens; la raison Les Ioniens.
seule, disent-ils, connaît le réel; la multiplicité des
choses contingentes perçues par les sens n'est qu'il-
lusion, apparence ($\dot{\varepsilon}\nu$ $\dot{\eta}\mu\tilde{\iota}\nu$), sans réalité objective.

Antérieurement aux Éléates, les Ioniens avaient
affirmé l'inverse : cela seul est qui se voit, se touche,
se perçoit par les sens, est palpable, matériel en un
mot. Les Stoïciens divinisent la nature; les Ioniens
matérialisent la divinité. Dieu ne se manifeste plus
dans la nature et ses éléments; les éléments mêmes
sont Dieu. Se rattachant à la théogonie d'Hésiode,
qui fait sortir du cahos Dieu, l'homme et le monde,
par les lois aveugles de la mécanique, Anaximandre [2]
dit et l'École Ionique avec lui :

Tout est un, et cet un est en même temps tout; cet
un est l'Infini ($\tau\dot{o}$ $\ddot{\alpha}\pi\varepsilon\iota\varrho\sigma\nu$), principe de tout, $\dot{\alpha}\varrho\chi\dot{\eta}$.
Dans cet un impérissable et invariable sont origi-

---

[1] Ξένοφανης τὸ ἓν εἶναι φησι τὸν θεόν. *Arist. met.* I, c. V.
Sextus. Hypoty. Pyrrhon. I, § 224.

[2] 610 avant Jésus-Christ.

nairement toutes choses en germes. Cet être primordial est d'une nature matérielle, tenant le milieu entre l'eau et l'air, ou entre le feu et l'air, ou plutôt étant un mélange d'éléments divers [1].

De l'unité primordiale de l'être, renfermant la pluralité infinie ou la multiplicité des choses en puissance, sont sorties toutes choses. Le principe actif, cause de ce développement de l'univers actuel et des existences multiples, est la force motrice, infinie, inhérente à l'être. Cette force, par son action, développe ce qui est enveloppé, expose ce qui est caché, démontre ce qui est latent, ordonne ce qui est confus, divise ce qui est uni, sépare ce qui est mêlé, spécifie ce qui est identique dans le un cahotique primordial.

Et d'abord se séparent du cahos le ciel et les mondes, les premières oppositions du chaud et du froid, du sec et de l'humide, qui, par leur union, leurs vicissitudes et leurs changements, forment le

---

[1] Thalès avait dit : La vie ne peut sortir que de la vie ; l'Être est donc un principe de vie, dont la vie se retrouve dans les parties les plus inertes en apparence : cet être primitif élémentaire est l'eau, ὕδωρ. *Aquam dixit rerum initium.* Cic., *de Nat. Deo.* — Anaximène de Milet à son tour : L'élément primordial est l'air, ἀὴρ, πνεῦμα, ψυχή, qui, en se condensant et se dilatant, produit toutes choses. Cet air est infini, éternel, divin, le principe de l'âme des hommes et des bêtes, dont la vie n'est qu'air, dont toute l'existence et l'activité consistent à respirer et à aspirer l'air (Diog. Laërt., *Vit. Thales*). *Ueber das System. des Thales.* Gœss. *Erlangen*, 1794. Tiedemann, *Thales Lehren*, p. 125, 136.

système des mondes. Se perfectionnant toujours, la progression arrive aux animaux, aux hommes, dernier produit de l'évolution; et progressivement, tout rentre dans le cahos, s'y identifie de nouveau, pour s'en séparer encore et recommencer toujours la série qui se décompose sans cesse pour se reproduire à tout jamais. Dieu est donc la matière primordiale et en même temps la force qui y est inhérente; la matière est le corps, la force est l'âme de l'univers, et l'univers c'est Dieu.

§ 52.

Avec Épicure[1] nous arrivons à la dernière phase Les Épicuriens. du panthéisme grec, à la dernière dégradation de l'idée de Dieu. Les Ioniens conçoivent encore cette idée comme un principe, une force matérielle animant l'univers; Épicure la relègue parmi les fantômes de l'imagination humaine, dont il faut laisser exister le nom, pour ne point blesser les opinions vulgaires, mais que le sage s'efforce d'oublier comme un préjugé d'enfance qui troublerait son repos et son bonheur.

L'univers fut toujours tel qu'il est, dit Épicure[2], et il sera toujours ce qu'il est, puisque rien n'existe en quoi il puisse se réduire. Car rien ne se fait de rien et rien ne devient rien. L'univers est corporel.

---

[1] De 337 à 270 avant Jésus-Christ.
[2] Diogène Laërt., *Lettre d'Épicure à Hérodote.*

6.

Il se meut dans le vide. L'univers est infini, par le nombre des corps qu'il renferme, et par la grandeur du vide. Sans le vide infini, les corps n'auraient point de mouvement; sans le nombre infini des corps, ils n'auraient point de fixité. Les corps sont des aggrégats d'*atomes*. Ces atomes n'ont point de principe, car ils sont les principes, la cause de toutes choses. Infinis en nombre, ils se meuvent dans un mouvement perpétuel et d'une vitesse égale. Lancés et tourbillonnant dans l'espace, ils se heurtent, se pressent, s'accrochent mutuellement et configurent les corps et les âmes. L'âme est un corps composé de parties fort menues, rondes et légères, dispersées dans tout l'assemblage de matière qui constitue le corps. Sans l'âme le corps n'aurait point de sentiment; mais sans le corps l'âme ne saurait exister. Ils périssent l'un avec l'autre, quand l'aggrégat qui les forme se résout en ses éléments atomistiques. La loi qui préside à la formation de l'âme et du corps, du ciel et de la terre, des astres et des mondes est le hasard. C'est au gré du hasard[1], que les atomes s'unissent, se condensent, se transportent, s'accroissent, s'organisent. Ce n'est donc point la puissance des dieux qui les gouverne. Dès le commencement il s'est formé des tourbillons qui ont produit le monde et les lois constantes qui en perpétuent les phénomènes. La plus grande peine qui fatigue les âmes humaines est de croire qu'il y

---

[1] Diogène Laërt. *Lettre à Pythoclès.* Seg. 89.

a des êtres éternels et heureux, de leur attribuer des fonctions, des volontés, des passions incompatibles avec ce bonheur et cette immortalité, et de voir en perspective les malheurs éternels dont les hommes sont menacés par les fables. On se donne ainsi, par de fausses idées et de sottes frayeurs, des tourments et des maux qui n'ont aucune cause réelle. La tranquillité de l'âme demande qu'on s'affranchisse de toutes ces opinions. Cette tranquillité d'âme est la *volupté suprême ;* cette volupté est le but de la vie. La volupté ou le bonheur consiste d'abord à ne pas souffrir, ensuite à jouir. Or, nos douleurs sont ou présentes, ou passées, ou futures ; on se délivre de la crainte de l'avenir par la certitude que nous n'avons point à faire aux Dieux et que la mort n'est rien ; on s'affranchit des regrets du passé, en sachant que le passé est irréparable et sans conséquence. Quant aux maux présents, s'ils ne sont pas supportables, ils tuent ; s'ils ne tuent pas, ils sont supportables ; et d'ailleurs on peut toujours s'en débarrasser, puisqu'on est libre de quitter la vie quand elle est à charge. La volupté positive consiste dans toutes les sensations agréables, dans toutes les impressions douces dont notre corps est susceptible ; tout ce qui flatte la vue, le goût, le toucher, tout ce qui réjouit les sens est bien et fait la vraie joie de l'âme[1].

Si Épicure ne dit point que tout est Dieu, son

[1] Cic. *Quest. Tusc.*, III, 18.

système n'en est pas moins un panthéisme rigoureux, l'hylozoïsme strict; car il affirme que l'univers est un être infini, éternel, composé d'atomes
éternels comme le tout, et dès lors l'univers est
Dieu, puisque Dieu est l'être éternel et infini. Aussi
le matérialisme d'Épicure est-il la dernière, mais la
conséquence nécessaire, la forme finale, mais fatale
du panthéisme.

CHAPITRE VI.

§ 53.

Néoplatonisme.

Les enseignements que Pythagore avait reçus des
prêtres de l'Orient et que Platon avait enrichis du
luxe de son imagination poétique; les traditions
cabalistiques, mêlées aux vérités chrétiennes défi-
gurées par les Gnostiques; les nombres de l'École
italique, les idées de l'Académie, la magie de Babylone se retrouvent systématisés, mais toujours les
mêmes, dans la théorie panthéistique des néopla-
toniciens, Plotin[1], Porphyre[2], Jamblique[3], Proclus[4].

L'être un, pur et absolu, dit Plotin, est et demeure en lui-même sans accident, sans change-

[1] 205 de Jésus-Christ.
[2] 233 de Jésus-Christ.
[3] 333 de Jésus-Christ.
[4] 412 de Jésus-Christ.

ment. Il est le bien pur, qui se suffit à lui-même,
à qui seul appartient l'indépendance. Principe de
toute existence, source de la possibilité, cause de
la réalité des êtres multiples, il engendre primi-
tivement, en se contemplant lui-même, sa Parole,
Λόγος [1]. La parole engendrée, réagissant vers le
principe engendrant et le voyant comme son objet,
devient, par cette vue et cette réflexion, l'intelligence, éternelle comme le principe dont elle part.

De l'intelligence, éradiation immédiate du Un
absolu, émane à son tour immédiatement un troisième principe, pensée, parole, acte de l'intelligence, comme celle-ci est la pensée, la parole, l'acte
(*ἐνέργεια*) du principe principiant; c'est l'âme du
monde (*ἡ ψυχὴ τοῦ παντὸς, τῶν ὅλων*), principe du
monde extérieur, visible, sensible, qu'elle pose par
son activité, en se réalisant au dehors, comme le
Verbe a posé le monde intelligible, invisible, métaphysique.

Ainsi, en face du Un absolu, le Verbe engendré
qui se repose éternellement dans le principe engendrant. En lui-même (*ad intrà*), par l'activité de sa
pensée, par l'acte vivant et productif de sa contemplation, le Verbe pose le monde des idées (*λόγος
εἴδη*) le monde des intelligences, des esprits purs
qui ont leur être et leur vie non hors mais dans
l'intelligence. Enfin, au dehors de lui-même (*ad
extrà*) par l'acte extérieur de sa pensée, le Verbe

---

[1] *Enn.*, VI, l. IX, c. VI.

produit l'âme du monde, lumière émanée de la lumière, idée obscurcie de l'idéal éternel, image décolorée de l'intelligence suprême, type du prototype resplendissant, dans lequel l'absolu se reproduit et s'admire [1].

L'intelligence transmet à l'âme du monde la puissance de se reproduire en image d'elle-même. Dès lors, par sa double activité, type de l'activité double de son principe, l'âme du monde d'un côté se pose au-dessus d'elle-même dans le monde supérieur, et acquiert, dans cette contemplation, l'évidence des idées pures; puis, de l'autre côté, se posant au-dessous d'elle, elle se reproduit en types inférieurs, qui se reproduisent à leur tour par des transformations et des dégradations successives, par des puissances de plus en plus imparfaites. La dernière de ces puissances s'alliant immédiatement à la matière, s'en revêtant et l'animant, est la puissance plastique, la force organisante, le principe immédiat des formes matérielles; celles-ci forment le *caput mortuum* de la reproduction qui ne peut plus se reproduire lui-même.

Ainsi l'âme du monde se révèle successivement comme force intelligente et voulante dans l'âme humaine, comme force sensible dans les animaux, force végétale dans les plantes; et se dégradant, s'obscurcissant de plus en plus, elle arrive à son

[1] *Enn.*, VI, l. III, c. XXII.

plus bas degré; et là, comme âme de la nature, sa contemplation n'est plus qu'une observation obscure, sans conscience ni intelligence, emprisonnée qu'elle est dans les liens ténèbreux de la matière.

§ 54.

Ainsi trois mondes :

1° Le monde divin, la sphère de l'absolu, que nul ne peut contempler, où repose, en lui-même, le Un, sans forme, sans qualité, sans quantité, sans conscience, sans personnalité, sans perception de lui ni d'aucune chose[1].

2° Le monde intelligible, posé par l'activité intérieure de l'intelligence contemplant l'Être absolu. Ce que l'intelligence pense, elle le pose et le produit hors d'elle comme existant actuellement et réellement. Ces idées réalisées sont identiques dans leur rapport avec leur principe, mais diverses les unes par rapport aux autres, multiples dans leurs formes et leurs propriétés, et cependant toutes parfaites, chacune dans sa forme. Car dans le monde intelligible tout est parfaitement pur et purement parfait, tout y est un et harmonique, sans séparation par l'espace, sans changement dans le temps, vie infinie et inépuisable où le un se manifeste par le tout, où le tout a la perfection du un, où l'universel s'expose par l'individuel et l'individuel s'absorbe

---

[1] *Enn.* VI, l. IX, c. I.

dans l'universel, où l'intelligence est à la fois principe producteur et capacité concevante, force génératrice et forme plastique, un et tout.

3° Le monde sensible, posé par l'âme du monde, et reproduisant sous des formes dégradées les lois du monde supérieur dont il est la copie. Comme les intelligences sont unes et identiques avec l'intelligence suprême, les âmes sont unes et identiques avec l'âme du monde qui revêt successivement toutes les formes, depuis l'âme individuelle de l'homme, jusqu'à celle de la nature et de la matière.

Et ainsi, c'est une chaîne non interrompue, une émanation successive d'êtres, de puissances, de forces, depuis la première sortie du un, du bien parfait et souverain jusqu'à son entrée dans la matière où il va se perdre dans la privation de toute perfection. La matière et le mal sont donc des suites nécessaires et fatales de la sortie progressive de la puissance universelle, qui, engagée comme âme humaine dans les limites et les formes de la matière, emprisonnée dans le corps élémentaire, doit chercher à s'en dégager, travailler à s'en délivrer, pour revenir, par la lutte et la purification, au bien dont elle émane, s'unir à l'être primordial dont elle découle, s'abîmer dans la vue de la lumière dont elle part, s'identifier avec l'objet de sa contemplation et trouver sa joie, ses délices, sa félicité suprême dans cette bienheureuse et éternelle contemplation.

CHAPITRE VII.

§ 55.

Un nom fameux ouvre la série des philosophes Moyen âge. panthéistes du moyen âge. Amalric[1], David de Dinant[2], Marcel Ficin[3], Reuchlin[4], Agrippa[5], Paracelse[6], Van Helmont[7], Thomas Campanella[8], Jordan Bruno ont tous puisé leur doctrine dans les ouvrages de leur prédécesseur et maître, Jean Scot Érigène[9].

[1] 1209. Tout est Dieu et Dieu est tout. Le créateur et la création sont un seul et même être. Les idées créent et sont créées. Dieu est la fin de toutes choses, puisque toutes doivent rentrer en Dieu, reposer en lui et durer perpétuellement, unes et identiques avec lui. Gerson, *de Amalrico.*

[2] 1209. Le principe des corps est la matière ὕλη, celui des âmes, Νᾶς, celui des esprits, Dieu. Ces principes, tous simples, ne peuvent être distincts, donc ils sont un et identiques. Dieu est aussi bien le principe matériel que l'âme des âmes, l'esprit des esprits. *Quaternuli magistri, vel tomi de divisionibus.*

[3] 1499. *De immortalitate animi.*

[4] 1522. *De verbo mirifico. De arte cabalisticâ.*

[5] 1486. *De occultâ philosophiâ.*

[6] 1493. Ph. Th. Paracelsi, *volumen medicinæ paramirum.* Argent. 1475, in-8°.

[7] 1577.

[8] 1568.

[9] Mort en 886.

Non moins fameux, Spinosa est le père du panthéisme moderne.

La doctrine de Scot et de ses disciples, se rattachant aux vérités révélées, est tout empreinte de l'esprit de l'Orient, des idées platoniciennes, des mystères de la Cabale, des arcanes de la chimie et de l'astrologie. Ses erreurs sont pleines de génie et d'intérêt, et la science s'y présente sous les formes les plus poétiques.

La doctrine de Spinosa et de son école, entièrement séparée de l'enseignement traditionnel, est le fruit abstrait d'une raison subtile, ne créant, dans les efforts prodigieux d'un travail solitaire, qu'un système froid et roide comme la dialectique et prosaïque comme elle.

Scot est poëte; Spinosa est géomètre. Celui-là est à la fois chrétien, platonicien, mystique, naturaliste. Celui-ci est tout ensemble juif et païen, moraliste et mathématicien. L'un voit et dépeint; l'autre pense et raisonne. Le premier, dans son essor hardi, s'élève à l'origine des choses, dit leur émanation du principe créateur, suit dans ses phases diverses l'être des êtres, depuis sa plus brillante manifestation jusqu'aux ténèbres de la matière où il s'emprisonne, pour en ressortir victorieux et triomphant. Le second, s'enfermant dans le cercle rigoureux de son entendement, voit Dieu dans sa pensée, reconnaît les attributs divins dans les lois de la raison humaine, et démontre, sous les formes arides du syllogisme, la doctrine ontologique qu'il tire de ses puissantes méditations.

§ 56.

Dieu, dit Scot [1], le seul être vrai, est l'être de Scot Erigène.
toutes choses.

De la plénitude de l'être se développent toutes
choses pour y revenir. Dieu fait tout, il est tout,
et il n'est vrai Dieu que par la création de l'univers [2].

L'univers comprend : la nature qui crée et n'est
pas créée, Dieu : la nature qui est créée et qui crée,
le fils de Dieu : la nature qui est créée et ne crée
pas, les créatures : la nature qui n'est pas créée et
ne crée pas, la nature proprement dite, la nature
dans son retour [3].

De même qu'un fleuve immense émane d'une
source unique et mystérieuse qui l'alimente incessamment dans son cours; de même tout bien, toute
essence, toute vie, tout sentiment, toute raison,
toute sagesse, tout genre, toute espèce, toute plénitude, tout ordre, toute unité, le temps, l'espace,
ce qui est, ce qui se comprend, se sent; et ce qui
dépasse tout sentiment et toute intelligence, tout
découle de la source de l'être. Le mouvement immuable et inépuisable de la souveraine et unique

[1] Johannis Scoti Erigenæ *de divisione naturæ* Libri V,
Monasterii Guestphalorum, 1838.

[2] *Deus est omnium factor et in omnibus factus: non ergò Deus
erat subsistens antequàm universitatem conderet.*

[3] Ouvrage cité, p. 1, p. 590, seq.

bonté qui s'épand et se répand, qui s'ouvre et dif-flue partout est la cause première de toutes choses. Toutes choses sont la manifestation de Lui, l'Être Dieu (*ipsius theophaniæ*). Dieu seul est ce qui est véritable; car il fait tout et se fait en tout, *facit omnia, et fit in omnibus* [1].

Par la création, Lui, l'invisible se rend visible, l'ineffable se parle, l'inaccessible se laisse toucher, l'incorporel s'incorpore, l'incommensurable, l'in-nombrable, l'impondérable prend poids, nombre et mesure, le spirituel se concrète (*spiritualis incras-satio*) l'éternel, l'infini paraît dans le temps et l'espace. Car Dieu a primordialement créé toutes choses en *idées* dans son Fils unique, qui est la na-ture universelle créée et créatrice. Ces idées, proto-types éternels de la science et de la volonté divine, (*prototypa, primordialia exempla, pro-orismata, theia-thelemata*), sont les causes primordiales et univer-selles de toutes choses, les principes intelligibles et célestes des existences sensibles et terrestres.

Elles créent comme elles sont créées, elles pro-duisent la matière informe, elles animent, vivifient et régissent la nature sensible, comme elles reçoi-vent leur être, leur vie, leur mouvement de la na-ture éternelle; la nature sensible ne vit et ne subsiste

---

[1] *Summæ siquidem ac trinæ soliusque veræ bonitatis in seipsâ immutabilis motus ac simplex multiplicatio et inexhausta à seipsâ, in seipsâ, ad seipsam diffusio, causa omnium, immò omnia sunt.* Idem, p. 191, 192.

que par participation aux vertus de la nature intelligible[1].

Ainsi tout ce qui sur la terre est bon, vivant, vrai, vertueux, juste, grand, puissant, n'est tel que par participation aux idées éternelles de bonté, de vie, de vérité, de vertu, de justice, de grandeur, de puissance que l'Être a créées une fois et simultanément dans son fils, et sur le modèle desquelles il a tout disposé, tout ordonné, depuis le haut jusqu'au plus bas, depuis le ciel des cieux jusqu'aux abîmes de la terre, depuis les intelligences les plus sublimes jusqu'aux corps les plus grossiers et les plus infimes.

Mais comme tout procède de Dieu, par une multiplication admirable et divine, ainsi tout doit revenir vers lui pour se reposer en Lui et ne plus faire avec lui qu'un seul tout indivis et immuable[2]. Ce retour, cette déification ($\vartheta\acute{\epsilon}\omega\sigma\iota\varsigma$)[3], cette réascension universelle s'opère par une septuple échelle.

D'abord toute créature visible, tout ce qui est corps, tout ce qui dort dans le sein de la terre, ce qui végète et se meut à sa surface, ce qui circule et s'agite dans son atmosphère, retournera en ses

---

[1] *Eorum participatione subsistunt.* Pag. 174.

[2] *Postquam in eam reversa sunt omnia, in ea omnia quieta erunt, et unum individuumque atque immutabile manebunt.* P. 86.

[3] *Divina et omnia processio dicitur* 'Αναλυτική, *hoc est resolutio : reversio verò* θέωσις, *hoc est deificatio.*

causes occultes, en ses principes vitaux. Ainsi dans l'homme le corps se transformera en mouvement vital; la vie organique se transformera en vie sensible, les sens deviendront raison, la raison s'élèvera à l'état d'intelligence, celle-ci s'identifiera avec l'âme; et ces cinq ne feront plus cinq, mais un, l'inférieur étant toujours consommé par le supérieur, non pour n'être plus, mais pour être un. Enfin l'âme s'élèvera à la science, de la science à la sagesse, de celle-ci à la perte en Dieu (*occasus*), à l'union même avec Dieu (*adunatio*) [1].

Alors sera complétée l'octave de l'éternelle harmonie; après la consommation de toutes choses, après la révolution septénaire des jours de la vie terrestre, la nature humaine reviendra à son principe par la huitième ascension; le quinquennaire de la créature sera uni au ternaire du créateur, de sorte qu'en toutes choses sera manifesté Dieu seul, comme dans l'atmosphère la plus pure ne brille que le soleil [2].

---

[1] *In ipsum Deum transituri sunt , unumque in ipso et cum ipso futuri*, p. 590.

[2] *Ità ut in nullo appareat nisi solus Deus , quemadmodùm in aere purissimo nil aliud nisi sola lux*, p. 592. Scot, il faut le dire, dans divers endroits de ses ouvrages, cherche à se défendre du panthéisme, qu'il sent devoir ressortir de sa doctrine: il dit par exemple dans l'ouvrage cité, de *Divisione*, p. 84 : « Non enim Deus genus est creaturæ, nec creatura species Dei, sicut creatura non est genus Dei neque Deus species creaturæ est : eadem ratio est in toto

§ 57.

Voici maintenant le plus illustre des disciples Jordan Bruno. d'Érigène, Jordan Bruno[1] le précurseur immédiat de Spinosa et du panthéisme moderne; il dit:

Tout est un être unique et cet être unique est en même temps tout[2].

En contemplant le monde dans sa totalité, la première opposition qui se rencontre est celle de la *forme* et de la *matière*.

La première est une force qui agit et détermine. La seconde un sujet qui souffre et est déterminé. La première est à la seconde ce que la forme de l'art est à la matière qu'elle façonne.

Aux changements innombrables dont la matière

---

et in partibus: Deus siquidem non est totum creaturæ, neque creatura pars Dei, quomodò nec creatura est totum Dei...» Aussi a t-il trouvé un chaud et savant panégyriste dans le professeur Staudenmeyer (Joh. Scot Erigena, Francfurt am Main, 1834). Mais le panthéisme de Scot, qui ressort évidemment des passages cités ci-dessus, avait déjà été signalé par le célèbre Görres (*Christliche Mystik*, t. I, p. 243), et par le judicieux abbé Gerbet (*Introduction à la philosophie de l'histoire*, Paris, 1832, p. 101).

[1] 1535.

[2] *Jordani Bruni Nolani Scripta quæ latinè confecit*, etc., Gförer, Stuttgartiæ, 1834, p. 28, 29, 40, 43, 49, 99, 100, seq. *Le ciel réformé*, essai de la traduction du livre italien *Spaccio della Bestia trionfante*, 1750, p. 26, 27, 32, seq.

est susceptible, nous reconnaissons quelque chose
qui se change en toutes choses et qui, en soi, reste
toujours un et le même. Ce substratum de toutes
choses n'est ni corporel, ni sensible, quoiqu'il
anime tout ce qui est sensible et corporel. Car il
n'y a qu'un *être principe*, une *matière principe*, substratum universel des choses incorporelles et cor-
porelles, intelligibles et sensibles.

Quelle que soit donc l'infinité des formes multiples que prend, dans la nature actuelle, ce principe
simple et indivisible, par cela qu'il est tout et
prend toutes les formes, sans pouvoir être repré-
senté par aucune, il n'est rien en particulier. Et
comme toutes les formes naturelles sortent de la
matière et y rentrent, et que ces formes, soumises
à des variations perpétuelles, ne peuvent subsister
sans la matière qui les produit et les réabsorbe, il
n'y a rien de réellement subsistant, d'éternel et de
vraiment principiant que cette matière primitive,
universelle.

Cette matière première universelle est animée
par une forme nécessaire[1], éternelle, première et
universelle, forme de toutes les formes, force su-

---

[1] Il est évident que Bruno prend ici le mot *forme* dans le
sens actif des théologiens et philosophes du moyen âge,
comme synonyme de force plastique, virtuelle, animant et
in-formant la matière, lui donnant mouvement et vie; et
non dans le sens passif des modernes, comme synonyme
d'enveloppe extérieure, de contenant, de figure particulière et déterminée.

prême d'où découle la puissance active de toutes les forces, et qu'on peut appeler avec les Pythagoriciens, la vie, l'âme du monde.

Forme universelle et matière universelle, quoique distinctes, sont inséparablement unies, et ne sont qu'un être. L'une suppose l'autre, celle-ci ne peut être sans celle-là. S'il y a toujours eu une puissance capable d'agir, de produire, de créer, il y a toujours eu une puissance capable d'être mue, produite, créée.

La virtualité de l'existence des êtres ne peut avoir précédé leur existence actuelle et ne peut lui survivre; car s'il y avait une puissance d'être parfaite actuellement sans existence actuelle, les choses se créeraient elles-mêmes et seraient avant d'être, existeraient avant d'exister.

Donc, point de matière sans forme; point de forme sans matière; le principe formel et matériel primordial est un et inséparable; en lui sont éternellement unis la force active et passive, le virtuel et l'actuel, le possible et le réel.

Ce principe principiant embrasse toute existence, toute existence possible puisqu'il peut être tout, réelle puisqu'il est tout.

Toutes choses ont été dans ce principe, dans cette *raison universelle* des êtres, avant d'être produites au dehors, elles ont été préformées avant d'être formalisées. Le but de leur production, la cause finale est la perfection de l'univers qui consiste en ce que, dans les diverses parties de la matière, les formes arrivent à l'existence actuelle, but qui est si doux, si délicieux pour la raison créatrice qu'elle ne peut se lasser de produire de nouvelles formes.

Comme le pilote mu avec son vaisseau fait partie de la masse mue, quoique distinct d'elle, puisqu'il varie et change ce mouvement, ainsi l'âme dans le corps, l'âme dans l'univers. Épandue et répandue dans l'univers, cause interne et externe, active et formelle du monde, l'âme traverse, pénètre le monde de part en part ; il n'est rien qui ne soit expression médiate ou immédiate de l'âme universelle. Et cette unité des parties avec le tout, du tout avec les parties, de la cause avec ses effets, des conséquences avec leur principe, cette éternelle harmonie de l'être et des êtres qui sont un dans leur multiplicité infinie, et multiples dans leur unité absolue, fait le bien, la perfection, le bonheur. Ce qui nous charme, ce n'est pas une couleur, mais la réunion de toutes les couleurs. Un seul son fait une faible impression ; mais l'accord d'une multitude de sons nous ravit.

Eh ! qui pourra comparer l'effet, la sensation que nous cause un objet particulier, avec ce que nous éprouvons par notre rapport avec l'être qui embrasse toute puissance et toute réalité? Qui comparera une conception quelconque avec la connaissance de la source même de toute connaissance? Plus notre intelligence s'élève vers cette intelligence suprême, plus notre vue du tout est vraie et droite. Qui saisit cet un, saisit tout. Qui ne comprend pas le tout, ne comprend rien. Que tout ce qui respire s'élève pour louer le très-haut et très-puissant, le seul bon et vrai, pour louer l'Être infini, qui est cause, qui est principe, qui est un et tout!

L'insatiabilité de ma raison qui tend vers la suprême vérité, l'activité sans bornes de mon imagination qui dépasse en grandeur toute grandeur donnée dans l'espace et le temps; mon désir toujours haletant et mon espérance que rien n'arrête, et tout mon être qui tend incessamment vers l'infini, tout prouve que l'être de mon être, la raison de ma raison, le principe de mon activité, le but de mes recherches, le grand tout que la nature révèle dans sa splendeur et sa magnificence, le Dieu de l'univers est l'infini et que son œuvre est infinie comme lui. Car, comment l'être infini pourrait-il produire quelque chose de fini? Comment sa puissance infinie agirait-elle d'une manière limitée? Ce que Dieu produit doit être infini, puisqu'il agit d'après la nécessité de sa nature infinie, nécessité une et identique en lui avec sa liberté. Si celui qui peut faire des infinis avait créé quelque chose de fini, de simples et faibles mortels seraient plus dignes d'honneur que lui, puisqu'ils ne sont jamais satisfaits de ce qui leur est donné, et qu'ils tendent toujours vers l'infini. Dans l'infini seul Dieu pouvait se préparer honneur et adoration. Dieu est donc infini dans l'infini, tout en tout; son siége est le ciel incommensurable, il est la plénitude de l'espace vide, le père de la lumière, l'ineffable, l'immuable.

L'univers (la forme et la matière, Dieu et son œuvre) est donc un, infini, immuable, incommensurable.

Il ne peut changer son lieu, car il n'y a pas de lieu hors lui. Il n'est pas produit, puisque toute existence est son existence. Il ne peut périr, puisqu'il n'est rien en quoi il puisse passer. Il ne peut augmenter, ni diminuer, car l'infini exclut tout rapport. Il n'est soumis à aucune vicissitude; ni du dehors, car rien n'est hors de lui; ni du dedans, puisqu'il est à la fois et en une seule fois tout ce qu'il peut être. Son harmonie est l'éternelle harmonie et l'unité même.

Il n'est pas matière, puisqu'il ne peut avoir de figure ni de limite. Il n'est pas forme, puisqu'il est chaque chose et toute chose, un et tout. Il ne peut être mesuré, ni servir de mesure. Il ne peut se comprendre lui-même, puisqu'il n'est pas plus grand que lui-même. Il ne peut être compris, puisqu'il n'est pas plus petit que lui-même. Il ne peut se comparer ni être comparé à rien, puisqu'il n'est pas telle ou telle chose, mais un et lui, le même. Il est à la fois le composé et le simple, le limité et l'illimité, le formel et l'informé, le matériel et l'immatériel, l'animé et l'inanimé, le temporaire et l'éternel, le passager et l'absolu, le tout et le un.

En lui, on ne peut distinguer l'heure du jour, le jour de l'année, l'année du siècle, les siècles du moment. En lui le corps n'est pas distinct du point, ni le centre de la périphérie. Il n'y a que centre, c'est-à-dire que le centre est partout et la circonférence nulle part.

Et c'est pourquoi ce n'est pas une vaine parole que celle des anciens qui disaient du père des dieux, qu'il remplissait toutes choses et avait son siége dans chaque partie de l'univers.

Les choses particulières, qui perpétuellement se modifient et changent, ne cherchent pas une nouvelle existence, mais une nouvelle forme d'existence; elles sont, mais ne sont pas tout ce qui peut être, réellement et en même temps. L'univers non-seulement embrasse en lui toute existence, mais toutes les manières d'exister; il est tout ce qui peut être, dans le fait, en même temps, parfaitement, d'une manière simple et unique.

Tout est vanité excepté le un, toujours immuable et présent partout. La substance est l'unique substance; hors d'elle tout est néant.

CHAPITRE VIII.

§ 58.

On a dit que Descartes [1] est le père de la philoso- Descartes. phie moderne. Si celle-ci est panthéiste, il faut que le panthéisme ressorte des principes cartésiens. Non pas que Descartes voulût ou prévît les fruits que

[1] 1596.

porterait sa doctrine. Mais ayant posé les principes, n'est-il pas responsable des conséquences logiques qui s'en déduisent rigoureusement? Descartes trouva, dans le pays même où furent écrits et répandus d'abord ses ouvrages, un disciple hardi et conséquent, qui voulut et sut imperturbablement tirer des données du maître le système qu'elles renfermaient. On sait que Spinosa commença sa carrière philosophique par l'exposition de la doctrine cartésienne. Il en adopta la méthode, les principes, le langage, la démonstration mathématique. Il acheva l'œuvre commencée. En effet Descartes, mécontent de la science de son siècle, voulait reconstruire l'édifice des connaissances humaines sur un fondement solide. Il ne pouvait, à cet effet, ni accepter les idées d'autrui, ce qui était, selon lui, fonder la science sur la base anti-philosophique de la foi, ni garder ses propres idées, résultats des préjugés de l'enfance et de l'éducation, sans aucune certitude objective. Il fit donc table rase dans son entendement et se trouvant en face du doute seul, il se dit: puisque je doute, je pense; car le doute implique la pensée actuelle; puisque *je pense, je suis ;* car la pensée est un acte qui suppose un être comme principe.

Le moi, substance pensante: tel fut le principe de la philosophie cartésienne. Ce fut aussi celui du Spinosisme. Partant tous deux de la subjectivité de l'être pensant, qui n'admet comme certain que ce qui est évident à la raison, juge souverain et infaillible de la vérité, tous deux partent de la même défini-

tion de la substance; ou plutôt Spinosa s'empare de
la définition de Descartes, en logicien sévère, digne
du maître. Celui-ci avait dit : *La substance est ce
qui n'a besoin que de soi-même pour exister*. Celui-là
conclut : donc tout ce qui n'est pas de soi et par soi,
n'est pas substance; donc, tous les êtres finis ayant
besoin de l'Être créateur pour exister, ne peuvent
être conçus que comme de simples attributs de la
substance unique ou de l'être divin, qui seul existe
indépendamment de toute autre chose. Le maître
avait dit : Les seules idées ou catégories, sous lesquelles nous pouvons concevoir les existences, sont
la *pensée* et l'*étendue*. Donc, conclut le disciple, les
seules modifications possibles de la substance sont
la pensée et l'étendue. Le maître avait dit : la substance est ce qui est de soi, et Dieu seul est de soi.
Donc, dit le disciple, une substance unique est seule
possible; et celle-ci admise, on ne peut rien concevoir hors d'elle qui ne soit elle, elle ne peut rien produire qui soit d'une nature différente d'elle-même.
Car, ajoute-t-il, ou la substance productrice et la
substance produite ont des attributs différents, ou
elles ont les mêmes attributs. Si elles ont des attributs
différents, on ne peut concevoir que l'une soit la cause
de l'autre, puisque la cause ne peut pas produire
ce qu'elle ne renferme pas. Si, au contraire, elles
ont les mêmes attributs, elles ne sont plus distinctes.
Car, comment peut-on discerner la différence des
substances, supposé que cette différence existe? Par
leurs attributs, sans doute, et par leurs attributs

seuls; si les substances ont les mêmes attributs, il faut conclure leur identité de nature. Si donc la substance qu'on suppose productrice et la substance produite ont les mêmes attributs; si Dieu est un être pensant, et si l'homme pense; si Dieu est immense en étendue, et si les corps sont étendus; il est évident que les attributs étant les mêmes, les substances ne peuvent différer, et qu'ainsi l'homme et la nature ne sont que des modifications de l'être unique, de la substance Dieu [1].

§ 59.

Spinosa. Maintenant écoutons Spinosa [2] lui-même dans l'exposition de son système [3].

[1] Renati Descartes *Opera philosophica*, Amstelodami apud L. et D. Elzevirios, anno 1756. *Dissertatio de methodo. Principiorum philosophiæ* pars prima, 51, p. 13. Per substantiam nihil aliud intelligere possumus, quàm rem quæ ità existit, ut nullâ aliâ re indigeat ad existendum.... Et quidem substantia quæ nullâ planè re indigeat, unica tantùm potest intelligi, nempè Deus.

Sur le rapport du Cartésianisme et du Spinonisme, voy. les ouvrages des professeurs Sigwart et Ritter, couronnés par l'académie de Berlin : *Ueber den Zusammenhang des Spinosismus mit der cartesianischen Philosophie. Ueber die Philosophie des Cartesius und Spinosa und ihrer gegenseitigen Berührungspunkte.* Voyez aussi *l'histoire de la philosophie* de Tennemann, article *Spinosa* et le *Précis de l'histoire de la philosophie*, déjà cité 1835, p. 364.

[2] 1632.

[3] *B. de Spinosa opera quæ sup. omnia.* Jenæ, 1803. *Tractatus de intell. emend. et de vid.*

Le but de toutes nos pensées, la fin de la philosophie, est la perfection de notre nature; *perfice te ipsum*. La vraie fin de l'homme, le souverain bonheur est de savoir que nous sommes un avec l'univers [1].

C'est à ce but que doit tendre la science. Comment l'homme parviendra-t-il à ce but? Quelle méthode suivra-t-il? Toute méthode suppose un point de départ, des moyens, un instrument.

Le point de départ doit être une idée vraie ayant sa certitude en elle-même et servant de mesure pour toutes les conceptions. Point de méthode sans une idée antérieure; celle-là dépend de celle-ci, en est la réflexion; c'est l'idée de l'idée. Le critérium de cette idée vraie est la conscience même que nous avons de sa vérité, car la lumière est son critérium à elle-même [2]. Celui qui a une idée vraie sait qu'il l'a.

Les moyens? distinguez l'idée vraie de toutes les autres perceptions et mettez-vous en garde contre celles-ci. Posez des règles pour reconnaître les choses inconnues d'après la norme donnée ou l'idée préétablie. Établissez l'ordre et la liaison des idées pour ne pas être fatigué par des choses inutiles.

[1] Summum autem bonum est eò pervenire, ut ille cum aliis individuis, si fieri potest, tali naturâ fruatur : quænam autem illa sit natura ostendemus suo loco, nimirùm esse, cognitionem unionis quam cum totâ naturâ habet.

[2] Undè patet quòd ad certitudinem veritatis nullo alio signo sit opus quàm veram habere ideam.

L'instrument ? c'est la raison , dont il faut reconnaître la nature et la puissance. Or ce que la raison pense est. Il y a identité entre la pensée et son objet, entre l'idée et l'idéal, entre la science et ce qui est su. La méthode est parfaite dès qu'on a l'idée de l'Être parfait.

C'est à la connaissance de cet Être qu'il faut se hâter d'arriver, puisque, cette norme donnée, tout en découle, et qu'il doit y avoir correspondance parfaite entre le développement de l'idée et de ses conséquences et celui de l'idéal et de ses produits, de sorte que la science est la copie parfaite de l'univers.

L'homme, en contemplant l'univers, doit chercher (et c'est toute sa vie) :

1° L'idée de Dieu, de son être, de ses attributs infinis.

2° L'origine du fini ou du monde des choses hors de l'absolu.

3° L'origine et la nature de l'âme et de son rapport avec Dieu et la Nature.

4° La doctrine pratique, morale et religieuse qui résulte de la doctrine théorique de Dieu, de la Nature et de l'âme.

Qu'est-ce que Dieu ? Qu'est-ce que la Nature ? Qu'est-ce que l'âme ? Quelle est la fin de l'homme, sa loi ?

§ 60.

1° Dieu est l'être absolument infini, c'est-à-dire

la *substance* constituée par des attributs infinis, dont chacun exprime son essence infinie et éternelle[1].

La substance ne peut en produire une autre. La substance est nécessairement infinie.

Hors de Dieu, il n'y a donc point et on ne peut point concevoir de substance.

Tout ce qui est, est en Dieu, et, sans Dieu, rien ne peut être conçu[2].

Dieu est la cause immanente et non passagère de toute chose[3].

2° De la puissance souveraine de Dieu ou de sa nature infinie effluent nécessairement et éternellement toutes choses[4]. Tout ce qui vient de Dieu est infini et éternel comme lui.

Ainsi rien n'est contingent dans la nature, et tout est déterminé, dans son existence et son action, par la nécessité de la nature divine.

La nature naturante, *natura naturans*, est ce qui est en soi, ce qui est conçu par soi. La nature naturée, *naturata*, est ce qui dépend nécessairement de la nature divine, savoir: les *modes* et les *attributs*

---

[1] *Ethices pars* I *de Deo.* Jenæ, 1803, p. 36, def. 6.

[2] *Id.*, p. 36, 46; pp. 6, 8, 14.

[3] *Deus est omnium rerum causa immanens, non verò transiens.* P. 54.

[4] *A summâ Dei potentiâ sive infinitâ naturâ infinita infinitis modis, hoc est omnia, necessariò effluxisse vel semper eâdem necessitate sequi.* P. 53.

de Dieu, qui sont de Dieu, qui sont en Dieu, et ne peuvent être ni être conçus sans Dieu[1].

L'*étendue* et la *pensée* sont les attributs de Dieu. C'est par ce double attribut qu'il manifeste sa puissance. Celle-ci n'est pas une volonté libre et un droit souverain et arbitraire sur les choses contingentes, c'est là une erreur vulgaire. Dieu n'agit pas librement; car rien de ce qui a été produit par Dieu n'a pu l'être autrement qu'il ne l'est. Il agit aussi nécessairement qu'il se comprend; la science qu'il a de lui-même est son action, ce qu'il pense il le fait dès qu'il le pense. La pensée réalisée est l'étendue.

Dieu est un être pensant et une chose étendue[2].

3° La manifestation de la pensée divine est l'*âme* de l'homme.

L'âme se réalise dans le *corps*.

Le corps, comme l'âme, n'est qu'une modification de l'essence divine, considérée dans celle-ci comme intelligente, comme étendue dans celui-là[3].

L'homme n'est donc point une substance. Car les hommes sont multiples et la substance est une et

---

[1] *Id.*, p. 56, pp. 21, p. 61, pp. 29.

[2] P. 64, pp. 33. *Extensio attributum Dei est, sive Deus est res extensa*, p. 78, pp. 1. *Sicuti ex necessitate divinæ naturæ sequitur ut Deus se ipsum intelligat, eâdem etiam necessitate sequitur, ut Deus infinita infinitis modis agat*, p. 79.

[3] *Per corpus intelligo modum qui Dei essentiam, quatenùs ut res extensa consideratur, certo et determinato modo exprimit*, p. 77.

indivisible. L'homme n'est qu'une modification des attributs divins [1].

L'âme humaine, n'étant qu'une partie de la pensée infinie, ne pense que ce que Dieu pense, ne sait que ce qu'il sait. L'âme humaine, n'étant qu'un mode de la puissance divine, ne fait que ce que Dieu fait, en elle et par elle ; son action est déterminée, elle est sous la main de Dieu, comme l'argile entre les doigts du potier, qui d'une même masse fait des vases servant, les uns, à des usages honorables, les autres, à des usages ignominieux [2].

4° L'âme, n'agissant que sous la seule motion de Dieu, *ex solo Dei nutu,* doit s'abandonner à cette motion qui l'identifie de plus en plus avec Dieu ; elle est tellement sous le pouvoir de cette nécessité, de ce fatum divin (*non sui juris est, sed fortunæ*), qu'elle est souvent forcée de faire ce qui lui semble mauvais et de laisser ce qui lui paraît bon [3]. Nous disons ce qui lui semble bon ou mauvais ; car le bien et le mal ne sont rien de positif, ce ne sont que des notions forgées par l'imagination et l'abstraction. Les choses en elles-mêmes ne sont ni bonnes ni mauvaises, mais indifférentes [4].

Il en est de même des notions vulgaires de vertu

[1] P. 85. *Hinc sequitur essentiam hominis constitui à certis Dei attributorum modificationibus.*

[2] P. 86, 117, pp. 118, p. 121. — Epist. 22, 3. *Alia ad decus, alia ad dedecus.*

[3] *Eth. pars* IV, pref. 199, *de Servit. hum.*

[6] *Id.,* p. 202. *Bonum et malum quod attinet, nil etiam*

et de vice. La vertu de l'homme n'est autre chose
que la puissance qu'il a de faire ce qui est conforme
aux lois de la nature. Or, la raison ne demande
rien de contraire à la nature. Elle demande que
chacun s'aime lui-même et ce qui lui est utile, que
chacun cherche, désire ce qui peut le conduire à la
souveraine perfection, c'est-à-dire, à conserver son
être autant qu'il est en lui. Le fondement de la vertu
est donc l'effort de l'être cherchant à se conserver;
son bonheur est dans cette conservation [1].

C'est en s'identifiant par la pensée avec l'être dont
il est, que l'homme se conserve et parvient à la
suprême félicité. Or, plus l'homme se connaît, plus
il s'aime, plus il aime et connaît Dieu, plus il sait
qu'il est en Dieu, un avec Dieu, plus il est heureux [2].

Et cet amour de l'âme pour Dieu, n'est que l'a-
mour même de Dieu s'aimant, non plus dans son
infinie manifestation, mais dans sa manifestation
particulière par l'âme humaine. Ainsi et l'amour de
Dieu pour l'homme et l'amour de l'homme pour
Dieu, n'est qu'un même amour, source de la science,
du salut, de la béatitude et de la gloire [3].

*positivum in rebus, in se scilicet consideratis, indicant, nec
aliud sunt quàm cogitandi modus seu notiones.*

[1] *Id.*, p. 215, 216.

[2] P. 281, pp. 15, p. 289, pp. 30. *Qui se, suosque affectus
claré et distincté intelligit, Deum amat et eò magis, quò se
suosque affectus magìs intelligit.*

[3] *Id.*, p. 293.

CHAPITRE IX.

§ 61.

Mallebranche[1] en France, Leibnitz[2] en Allemagne, Kant. combattirent de toute la force de leur génie le rationalisme, dont ils prévoyaient et prédisaient les conséquences funestes. Ils ne purent néanmoins, ni l'un ni l'autre, en arrêter le développement. Et au moment même où, en France, on faisait l'apothéose de la raison, en la plaçant sur l'autel, en Allemagne, le rationalisme parvint à son apogée par la doctrine du philosophe de Kœnigsberg[3].

Descartes avait attaqué la science de son temps; il en avait ébranlé le double fondement, en niant à la fois l'autorité de la tradition divine et de la tradition humaine, des Écritures et d'Aristote. Il avait déclaré la raison autonome, ayant en elle le principe, la règle, la mesure, le critérium de la vérité.

Kant aussi s'en prit à la science de son époque, à l'empirisme des faits, comme son devancier à l'empirisme des mots. Il sonda les principes de la connaissance humaine, chercha à renverser le rationalisme de la métaphysique scolastique, en établissant

[1] 1638.

[2] 1648.

[3] La *Critique de la Raison pure* parut en 1781. Mais elle ne fut connue que quelques années plus tard.

qu'il n'y a de science certaine que celle qui est fondée sur la raison pure, et que la raison connue dans sa nature, ses lois, ses procédés, est absolument incompétente pour fonder la science métaphysique.

Le philosophe prussien, comme le philosophe français, se concentrant dans la contemplation de lui-même, fit du moi pensant la base de la science. L'un et l'autre voulurent échapper en pratique aux conséquences de leur théorie; Descartes admit une morale par provision, obligatoire pour l'homme en société; Kant reconnut la raison pratique qui dicte une loi morale catégorique et impérative. Mais l'un et l'autre trouvèrent des disciples, qui, plus conséquents et plus intrépides, s'appuyèrent sur la théorie pure et en déduisirent des systèmes d'une logique rigoureuse et terrible.

Ce que Spinosa fut à Descartes, Fichté le fut à Kant.

Kant avait établi, comme résultat de sa *critique de la raison pure*, que toute notre manière de connaître dépend des formes de nos facultés; que celles-ci étant purement subjectives ou propres au sujet, n'ont de valeur que pour lui et ne l'autorisent jamais à affirmer la vérité objective de l'être, pas plus en nous que hors de nous, puisque nous ne voyons que des phénomènes modifiés par les formes de notre entendement; qu'ainsi toutes les notions de la raison pure n'ont aucune réalité objective, ou du moins que nous n'avons aucun droit de leur en attribuer une semblable, ni par conséquent de les imposer aux autres; que nous ignorons ce que sont les choses en elles-mêmes, par elles-mêmes; que nous savons seulement comment elles se réfléchissent en nous; qu'ainsi les idées de Dieu, de l'âme, de son immortalité, de sa liberté, toutes les idées métaphysiques sont purement subjectives, sans valeur réelle et objective.

Fichté part de cette subjectivité kantienne, de même que Spinosa était parti de la substantialité cartésienne; et la réalité, que Kant admet en pratique comme correspondant aux notions rationnelles, Fichté démontre qu'elle n'est qu'un résultat même de notre esprit dans son développement; il démontre que les phénomènes, non-seulement reçoivent de notre esprit forme et loi, mais encore existence et réalité; que l'esprit de l'homme seul existe avec ce qu'il pose ou objective en vivant; que le moi est non-seulement législateur, mais créateur; que les existences sont non-seulement conçues dans les formes de la pensée, mais sont la pensée même dans ses formes diverses.

Spinosa avait matérialisé la substance cartésienne et divinisé la nature; Fichté spiritualise la matière ou la réalité kantienne et divinise l'homme.

L'un et l'autre affirment qu'il n'y a qu'une substance; mais elle est objective pour Spinosa, subjective pour Fichté. L'homme n'est qu'une modification de Dieu, une pensée de sa pensée, suivant celui-là; d'après celui-ci l'univers n'est qu'une modification de l'homme, un produit de sa réflexion. Chez tous deux c'est un pur et strict monisme.

8.

§ 62.

L'organe et le principe unique de la science de Dieu et du monde, dit Fichté[1], est la pensée pure, la pensée qui est d'elle-même et par elle-même, *das selbstständige Denken.*

L'acte vivant de la pensée peut seul, par cet acte vital même, contempler et saisir le vrai absolu, le voir et le posséder avec une évidence immédiate, une certitude inébranlable. Car la pensée pure est elle-même l'existence divine; et l'existence divine, à son tour, n'est autre chose que la pensée pure[2].

Il n'est personne qui, sans l'étude systématique de la philosophie des écoles, ne puisse arriver à cette pensée haute et pure, à cette indépendance de l'esprit, à cette science des sciences. Car elle ne suppose et n'exige qu'une nature franche, saine et libre, que le sens droit et naturel de la vérité, propre à tout homme. Et tel est le but d'une philosophie religieuse, qui rend populaire la science elle-même, tandis qu'une religion sans philosophie n'est qu'une doctrine de foi destituée de science.

Sans doute celui qui a la science de la religion sait que toute multiplicité, toute existence finie a

---

[1] 1762.

[2] *Denn das reine Denken ist selbst das göttliche Daseyn; und umgekehrt, das göttliche Daseyn, in seiner Unmittelbarkeit, ist nichts anders denn das reine Denken. Anweisung zum seligen Leben,* p. 35 et suiv.

sa base et son terme dans le un, dans l'être absolu. Mais l'homme simplement religieux croit sans voir, admet sans savoir. Le philosophe contemple et voit; la foi se convertit par la science en évidence. Le premier n'a que l'idée du fait *(das blose Das)*; le second a l'idée du comment *(das Wie)*, l'idée du rapport entre l'Être absolu et l'être relatif, entre l'infini et le fini, entre Dieu et le monde. Savoir ce comment, est la condition nécessaire d'une religion vraie, vivante, et d'une vie vraiment pieuse; car à ce haut degré, science et piété se confondent. Le premier critérium de la vraie doctrine religieuse, c'est la négation de la doctrine de la création, qui est l'erreur fondamentale de toute métaphysique fausse, de toute religion erronée, le principe du judaïsme et du paganisme. Expliquer l'origine des existences finies par la création, c'est-à-dire par un acte absolu de la volonté du créateur, c'est d'un côté ruiner foncièrement l'idée de la divinité, et de l'autre fausser pour toujours la raison, changer la pensée pure en rêveries imaginaires.

Il est de toute impossibilité de concevoir une créature : aussi le Christianisme est-il en opposition directe avec cette doctrine irrationnelle, d'après le témoignage authentique de S. Jean.

Ce maître unique de la doctrine pure de Jésus, le seul qui l'ait véritablement connue, dans la préface dogmatique de son Évangile, pose, en une proposition absolument et éternellement vraie, le sommaire, l'esprit, la moelle intime de la doctrine de vérité :

« Dans le principe était le Verbe ; le Verbe était en Dieu, et Dieu était le Verbe, et par le Verbe toutes choses ont été faites. »

Cette proposition, diamétralement opposée au système de la création, affirme que dans le principe et avant tous les temps, Dieu était — était le Verbe — le Verbe par qui seul toutes choses sont faites — et ont été éternellement faites — sans qu'il y ait de création successive, postérieure à l'être de Dieu, sans qu'il y ait en Dieu et hors de Dieu rien qui devienne, qui naisse, rien qui paraisse. En Lui est éternellement ce qui est, l'être étant, *das Seyende ;* et ce qui doit être, doit être primordialement en Lui comme il est Lui.

Il faut donc d'après l'esprit et la lettre de la doctrine de S. Jean rejeter le fantôme d'un *devenir hors de Dieu,* d'une émanation dans laquelle Dieu n'est plus, et où, délaissant son œuvre, et nous séparant de Lui, il nous précipite dans les ténèbres du néant : c'est faire de Dieu un maître arbitraire, un despote capricieux, un tyran ennemi de l'homme.

La raison et S. Jean proclament la doctrine suivante :

§ 63.

Moi, je suis moi.

Le moi pose primordialement et absolument son être propre ; car je suis absolument, c'est-à-dire je suis absolument parce que je suis, et je suis absolument ce que je suis, tous deux pour le moi.

Or, il n'y a qu'un absolu qui soit par lui-même,
Dieu, par qui l'être et tout être possible est donné,
de telle sorte que soit en lui, soit hors de lui, il
ne peut y avoir un nouvel être et qu'il n'est rien que
Dieu [1].

L'être est donc de lui et par lui-même, car cela
seul est qui est de soi et par soi, *von, aus, durch
sich.* Il est un, simple, absolu, immuable, invariable;
rien en lui n'a été, rien n'est devenu, rien ne peut
devenir, varier ou changer. Il est ce qu'il est,
toujours et éternellement, l'être étant, dans lequel
est tout être possible et hors lequel il n'est pas d'être.

Il est à la fois latent et patent, clos et ouvert en
lui-même; car il est vivant, actif, il est la vie même.

La manifestation de son être par la vie constitue
son existence. La vie et la pensée, l'existence et la
conscience sont même chose.

L'existence n'est que la conscience ou la repré-
sentation de l'être en lui-même (*Vorstellung*); elle
est l'être qui est actuellement, *das ist zu dem Seyn;*
l'être qui se voit étant, qui se réfléchit dans son être

---

[1] *Ich bin Ich: Das Ich setzt ursprünglich schlechthin sein
eigenes Seyn. Den Ich bin schlechthin, d. i., Ich bin schlechthin,
weil ich bin; und bin schlechthin, was ich bin; beides für das
Ich. — Es kann sich nicht verbergen das nur Eines schlechthin
durch sich selbst ist, Gott, durch dessen Seyn alles sein Seyn,
und alles mögliche Seyn gegeben ist, so dass weder in Ihm noch
ausser Ihm ein neues Seyn entstehen kann, und mithin nichts
ist denn Gott. Grundlage der gesammten Wissenchaftslehre
§ 1).*

actuellement existant, qui se sait et se saisit, se contemple et s'aime dans l'image de lui-même, qui n'est que lui-même.

L'être et l'existence sont un; à l'être de soi et par soi appartient l'existence qui n'a de fondement qu'en lui.

Mais quand par la réflexion je sépare l'être de l'existence, alors l'existence se pose objectivement à l'être, elle est pensée comme étant par elle, quoique réellement elle ne soit rien par elle-même et quand on la sépare de l'être qui la pose. Cette conception de l'existence isolée, objectivée, séparée par la réflexion de l'être, est le monde.

C'est l'idée, la pensée active qui est le créateur du monde[1]. Pour la pensée et dans la pensée seule, par la réflexion, il y a un monde, manifestation nécessaire de la vie de l'être pensant. Où il n'y a pas de réflexion, il n'y a qu'unité.

La réflexion seule brise, sépare, divise, distingue de l'être réfléchissant, la forme qu'il revêt par sa pensée et qui ne cesse jamais d'être une avec lui; et tout ce qui apparaît dans cette existence, dans cette forme ou ce monde, n'est autre que cet être un, éter-

---

[1] *Der Begriff daher ist der eigentlicher Weltschöpfer. — Für den Begriff nur und im Begriffe ist eine Welt, als die nothwendige Erscheinung des Lebens im Begriffe; jenseits des Begriffes aber, das heisst, wahrhaft und an sich ist nichts und wird in aller Ewigkeit nichts denn der Lebendige Gott in seiner Lebendigkeit.* (8te Vorles., 219, 229).

nel, invariable, moi, Alpha et Oméga de toutes choses.

§ 64.

L'univers, selon Spinosa, n'est qu'une substance divine, pensante et étendue. Selon Fichté, le monde n'est qu'une pensée révélée, une idée humaine réalisée. D'après Schelling [1], l'univers n'est ni l'un ni l'autre, mais tous les deux à la fois, substance et idée, matière et pensée, nature et Dieu, identifiés [2].

Dieu, dit-il, est le premier et le dernier, l'Alpha et l'Oméga. Mais comme alpha, il n'est pas ce qu'il est comme oméga.

Comme alpha, il n'est que le Dieu implicite, non développé, *der unentfaltete Gott*. Comme oméga, il est le Dieu explicite, développé, *sensu eminente*. Comme alpha et oméga unis et identifiés, dans l'absolue indifférence, il est le Dieu parfait.

Il n'y a point de Dieu sans nature, *ein unnatürlicher Gott*, comme cela ressortirait du théisme; il n'est point de nature sans Dieu, *eine gottlose Natur*, comme l'affirme le naturalisme; ce qui est, c'est Dieu et la nature dans leur absolue identité.

Une nature sans intelligence, enveloppée en elle-même, n'ayant point conscience d'elle-même, est

[1] 1775.

[2] Voy. *Abhandlung über das Wesen der menschlichen Freiheit*, p. 429. *Denkmal*, p. 4, 7, 85. *Philos. Unter.*, p. 429, 431, 492 et suiv. Jäsche, t. III, p. 139, 154.

une conception spinosiste, ce n'est pas Dieu. Une
intelligence qui ne pose que sur elle-même, sans
base autre, sans substratum, sans principe qui la
précède, est une idée fichtéenne, et n'est pas Dieu.
L'intelligence divine a sa base dans la nature divine, et la nature divine se manifeste par l'intelligence suprême.

Dieu parfait en puissance, *in potentiâ*, mais non
en acte, *actu*, Dieu dans son *aséité*, *causa sui*, est le
principe primordial, *Urgrund*, qui n'a pas de principe, *Ungrund*. Il est une nature une, antérieure à
toute dualité, en qui se confondent, identifiés et in-
différents, sujet et objet, réel et idéel, lumières et
ténèbres, en qui il n'est ni attribut, ni qualité. Mais
cette nature est à la fois expansive et attractive, positive et négative.

Par sa force centrifuge elle se révèle; mais elle se
perdrait, si, par sa force centripète, elle ne se repre-
nait elle-même; et c'est ce double acte de position
hors d'elle par l'expansion, et de reprise en elle-même
par la concentration, qui constitue et rend seul possible la personnalité divine, *der bewusste Gott*.

Sans *l'ipséité*, sans la force d'égoïsme, *Egoität*,
Selbstheit, l'être n'aurait pas conscience de lui-même.
Car avoir conscience de soi, c'est se ramasser, se
reprendre soi en soi. Sans l'expansion, sans la force
extendante, l'être resterait clos et latent en lui-
même, Dieu inconnu, ne se connaissant pas lui-
même. Il faut donc que le Dieu virtuel se manifeste
actuellement pour se parfaire, et qu'il se repose perpé-

tuellement dans sa virtualité pour ne pas s'évanouir. Mais pourquoi l'actualité parfaite, le parfait actuel n'a-t-il pas été toujours et dès le commencement ? Parce que Dieu est vie et non pas seulement être. Toute vie a une histoire, *Schicksal ;* toute vie est soumise à la souffrance et au développement, *dem Leiden und Werden unterthan ;* toute vie, sans exception, part d'un état clos et enveloppé, dans lequel, par rapport à son état postérieur d'exposition, elle est comme ténébreuse et morte ; il en est ainsi de la vie de Dieu-même.

Cette vie, se développant et s'enveloppant, se révélant et se cachant successivement, fait le lien du principe naturel qui est la base, et du principe idéel qui est le radical. Ce lien vivant, unissant, identifiant les deux termes qui le posent, est l'esprit. Dieu est donc esprit ; et ainsi se constitue la personnalité de Dieu. Hors de là, dans l'idéalisme pur comme dans le pur réalisme, le dieu de Fichté et de Spinosa est un être impersonnel.

§ 65.

La création est la manifestation successive et périodique de Dieu.

Le un éternel a de toute éternité le désir de s'engendrer lui-même ; *die Sehnsucht sich selbst zu gebähren.* Ce désir est le premier rayon de la volonté, le vouloir, *der Wille in dem Willen.*

Dieu s'engendrant en lui-même, se parlant son

propre désir, pose son intelligence, sa lumière. Celle - ci manifestant ce que renferme le principe dont elle est, tend à diviser les forces, que ce premier principe, par son désir immanent, retire et maintient en lui-même.

Car ce principe veut rester clos tout en désirant se manifester, il veut être lui tout en désirant être autre; il tend perpétuellement à réabsorber les vertus cachées que révèle et expose la lumière projetée de son centre. A mesure que la lumière manifeste ce que le principe renferme, l'essence de la nature se révèle davantage, jusqu'à ce qu'enfin dans la division suprême des forces primitives le centre central lui-même s'ouvre.

Chaque être manifesté dans la nature a comme l'être primordial un double principe, un principe obscur et clos, qui est la volonté propre de la création, et un principe lumineux, intelligent, par lequel la volonté se révèle et tend à s'identifier avec l'être universel.

Ainsi quand, par des mutations progressives et continues, par les divisions successives de toutes les forces, le point le plus profond de l'obscurité primitive d'un être est complétement passé en lumière, alors la volonté de cet être s'identifie avec la volonté universelle, avec l'intelligence absolue, et ne fait plus qu'un tout avec elle. Cette élévation complète du centre en lumière, ce passage parfait des ténèbres à la clarté par l'identification de la volonté particulière avec la volonté universelle, n'a lieu, parmi les créatures, qu'en l'homme.

Dans l'homme est toute la puissance du principe obscur, en même temps que celle de la lumière. Dans l'homme se trouvent le plus profond abîme et le plus haut des cieux, les deux centres, ou plutôt le centre et le pôle son image. L'éternel désir du Dieu latent s'est réalisé dans la volonté de l'homme. L'éternel rayon de vie enfoui dans la profondeur de Dieu, lorsqu'il voulut la nature, s'est réalisé dans l'intelligence de l'homme. Et l'intelligence de l'homme se reposant dans sa volonté, manifeste l'esprit éternel qui ne subsiste que par cette identité de la volonté et de l'intelligence, du principe réel et idéel, du centre et du rayon, des ténèbres et de la lumière, de la multiplicité et de l'unité.

L'homme révèle le Dieu actuellement existant.

§ 66.

Un seul homme m'a compris, disait Hégel avant de mourir, et encore celui-là ne m'a-t-il pas compris.

Après cet aveu, il ne paraîtra point étonnant que l'exposé de ses idées panthéistes ait quelque chose d'obscur et d'incomplet. En voici le sommaire[1].

Dieu est vérité. La vérité dans sa forme pure et abstraite est l'idée. Donc Dieu ou l'absolu est l'i-

Hégel.
Logique trans-
cendantale.
Philosophie
de la nature.

---

[1] *Wissenschafft der Logik.* Nürnberg, 1812. *Hegels Encyklop. der phil. Wissensch. im Grundrisse.* Heidelberg, 1817.

dée[1]. Or, la logique est la science de la forme de la vérité ou de l'idée. Donc la logique est la science de Dieu.

L'idée décrite, l'absolu est connu. Tout ce qui est dit de l'idée est dit de Dieu ; car Dieu, l'absolu et l'idée par excellence κατ᾽ ἐξοχην sont un.

L'idée est ou idée en soi et pour soi, c'est l'objet de la logique; ou idée dans son existence différente d'elle-même, c'est l'objet de la philosophie de la nature; ou idée dans son retour vers elle-même, d'où la philosophie de l'esprit.

Dans la nature, dans l'esprit, dans la pensée pure ou l'idée, dans sa forme absolue et idéelle, sous sa forme concrète ou naturelle, dans sa forme active ou spirituelle; c'est toujours le même absolu, l'Idée, Dieu, ou subsistant en lui-même, *Seyn,* ou Dieu *exterioré* dans la nature, *Daseyn,* ou Dieu rentrant en lui-même *Fürsichseyn.*

Primordialement, avant la création de la nature et d'un esprit fini, Dieu sans enveloppe, *ohne Hülle,* est en Lui — Lui, l'absolue indifférence ou identité[2]. Ce Dieu antéro-mondain, *vorweltlich,* n'a aucun des prédicats positifs qui appartiennent au Dieu mondain, au Dieu naturel, *Weltgott;* car il est la pensée identique avec elle-même[3].

Mais cette pensée a une double activité, une acti-

---

[1] *Gott oder das Absolute ist die Idee.*

[2] *Seyn kann bestimmt werden, als Ich-Ich, als die Absolute Indifferenz oder Identität. Encyklop.,* p. 34, § 39.

[3] *Das mit sich selbst identische Denken.*

vité identique à la pensée ou immanente, et une activité différente de la pensée, ou transitive à la fois et rétrospective. Et par cette activité, Dieu passe à travers les sphères logiques de la pensée. Il est conception pure, *Begriff,* dans son principe, dans son unité; jugement, *Urtheil,* dans sa diversité, dans les moments de son développement; et conclusion, *Schluss,* dans son retour, dans le rapport des deux premiers termes, dans leur réidentification.

§ 67.

La vie dialectique, le mouvement logique ou le développement de l'idée, c'est la vie de Dieu. L'absolu se manifeste comme esprit passant de l'être au devenir [1]. Il abandonne la forme de l'être et prend celle de la conscience dans l'existence: il devient soi, il se réalise [2].

Le premier moment de ce développement spontané, de cette procession infinie, est le passage de Dieu dans la nature, ou la forme de l'existence concrète de l'idée, dans laquelle Dieu se pose comme infinie différence de lui-même [3]. Car pour que l'être arrive à la conscience de lui-même, il faut qu'il se pose d'abord hors de lui, dans la nature; puis, que triomphant de cette nature, il s'en dégage, s'en libère, revienne vers lui-même par l'esprit.

[1] *Uebergang vom Seyn zum Werden.*
[2] *Sich selbst werden.*
[3] *Unendliches anders Seyn.*

Il était primordialement esprit, mais esprit abstrait ne se sachant pas lui-même. Ce n'est qu'après s'être posé hors de lui, opposé, objectivé à lui-même, dans la nature, que, revenant sur lui, il acquiert conscience et connaissance, et devient esprit se connaissant comme esprit [1], forme pure de l'idée se pensant elle-même.

L'idée une et universelle est Dieu. Le système des idées particulières est le monde; ces idées particulières sont des phases diverses par lesquelles Dieu, passant en existence, développe sa vie réelle [2]. C'est pourquoi Dieu est aussi tout ce qui est réel; mais l'idée particulière, n'étant qu'une phase de l'idée, n'est pas adéquate à l'idée universelle. Celle-ci, unité absolue dans l'absolue universalité, ne se réalise complétement que dans tous les êtres particuliers ensemble et dans le rapport mutuel de toutes les réalités particulières.

Ainsi l'Absolu ou Dieu, étant à la fois l'être un et universel, et le principe des existences individuelles, et le système de toutes les existences réunies, Dieu est l'identité de l'infini et du fini, de l'être et du devenir, de l'unité et de la multiplicité. Il est le fondement et l'essence du monde; Dieu est la vérité du monde et le monde est la réalité de Dieu.

[1] *Sich selbst als Geist, Wissendergeist ; Form der sich selbst denkenden Idee. Wiss. der Log.*

[2] *Gott in seiner Lebendigkeit und Wirklichkeit, und die Welt in ihrem Grunde und Wesen, sind sonach eines und dasselbe, und zu einem unzertrennlichen Ganzen vereiniget.*

La vie du monde est la vraie vie de Dieu même,
se développant en une série infinie et une richesse
sans terme de formes, d'apparitions, de phénomènes qui le manifestent et le *parfont;* c'est par ces
formes multiples, par ces moments de passage que
Dieu, devenant Dieu naturel, *Naturgott,* arrive au
plus haut degré de sa vie personnelle, quand par
le retour qu'il fait sur lui-même, il arrive comme
esprit, à la conscience de lui-même.

Dieu n'est donc pas seulement un être abstrait,
comme celui des théistes, mais un être concret : il
est l'unité concrète et pleine, absolue totalité des
existences individuelles et finies : *Die Concrete,
inhaltsvolle Einheit, als die absolute Totalität aller
einzelnen endlichen Dinge.*

Lui seul est par lui-même; et les existences n'ont
d'être, de substance, de subjectivité, d'*idiostasie,
Selbständigkeit,* que par Lui. C'est Lui qui, par
l'activité absolue de son éternel procédé, manifeste
et détruit, pose et réabsorbe les formes diverses
qu'il prend dans son passage incessant d'une forme
à l'autre; et cette production et cet anéantissement successif et perpétuel constituent la création. La création n'est que l'histoire de la genèse
ou du développement du Créateur même, s'engendrant éternellement Lui-même et se manifestant
comme principe réel, unique et absolu, du monde,
de la nature et de l'univers.

Lui seul, Dieu, dans son absolue activité, dans la
formation de lui-même, *Selbstgestaltung,* est réel,

positif. Tous les produits individuels qui paraissent et disparaissent, toutes les existences de la nature et du monde spirituel sont le non-réel, le non-actuel: *sind das Unreelle und Unwirkliche.* Lui seul est vrai: mais il n'est vérité dans sa perfection qu'alors qu'il s'est lui-même réalisé dans le tout par son développement complet. Ce n'est qu'au terme, dans le résultat, qu'il est ce qu'il est en vérité, l'Être qui s'est parfait par son parfait développement[1].

CHAPITRE X.

§ 68.

Conclusion.　L'Allemagne était ainsi parvenue, par de longues et savantes élucubrations, à systématiser de la manière la plus rigoureuse et la plus absolue le Spinosisme dans sa partie idéelle, quand depuis longtemps la France, toujours à l'avant-garde des nations modernes par le fait et par l'idée, avait réalisé le Spinosisme, dans sa partie positive et matérielle.

Disciples conséquents de Descartes et de Spi-

---

[1] *Mit dem Absoluten muss freilich wohl aller Anfang gemacht werden. Hier ist jedoch zugleich zu erinnern, dass der Anfang noch nicht das Ganze, dieses aber erst das Wahre in seiner Vollständigkeit sey, als das durch seine Entwickelung sich vollendende Wesen. Phänomenol.*, XXII, XXV.

nosa, qui avaient mis à l'écart la doctrine révélée sans oser encore l'attaquer en face, les philosophes du dix-huitième siècle lui déclarèrent ouvertement la guerre. Arts, sciences, poésie, éloquence, archéologie, découvertes modernes, philologie, théâtre, politique, tout convergea vers un seul but, tout tendit à un résultat suprême, *écraser* le Christianisme, que Fichté avait traîtreusement voulu confondre avec son propre système.

L'encyclopédie, la sensation transformée de Condillac, le matérialisme de Lamétrie, la théorie de l'esprit d'Helvétius, le système de la nature d'Holbach, le fatalisme de Diderot, le déisme de Rousseau, l'optimisme de Voltaire, tout se résume dans la formule que proclama solennellement à la Convention celui qui s'appela l'orateur du genre humain [1] : « C'est dans ce chef-lieu du globe, c'est à Pa- « ris qu'était le poste de l'orateur du genre humain. « Je ne le quittai plus depuis 1789 : c'est alors que je « redoublai de zèle contre les prétendus souverains « de la terre et du ciel. Je prêchai hautement qu'il « n'y a pas d'autre Dieu que la nature, d'autre sou- « verain que le genre humain, le peuple-Dieu. Le « peuple se suffit à lui-même, il sera toujours de- « bout. La nature ne s'agenouille point devant elle- « même. Jugez de la majesté du genre humain libre, « par celle du peuple français, qui n'en est qu'une

---

[1] 1793. Anacharchis Clootz : Thiers, *Hist. de la révol. franç.*, t. V, p. 439.

« fraction. Jugez de l'infaillibilité de tous par la saga-
« cité d'une portion, qui, elle seule, fait trembler le
« monde esclave. »

Et qu'on ne croie pas qu'un demi-siècle d'expérience ait désabusé les esprits et les ait effrayés par
les épouvantables catastrophes qu'ont enfantées ces
doctrines, par le bouleversement des empires, l'hor-
reur des guerres les plus sanglantes, l'anéantissement des croyances, l'anarchie des volontés, la
corruption des mœurs, le perpétuel conflit des intérêts privés et le hideux despotisme de l'orgueil
et de l'égoïsme. Écoutons les organes les plus répandus des idées nouvelles, et terminons cette longue
série de citations par une citation dernière [1] qui
résume toutes les théories précédentes et en expose
les conséquences dans leur plus complète application.

« Dieu est identique avec le monde; il se mani-
« feste dans les plantes qui, sans conscience d'elles-
« mêmes, vivent d'une vie cosmo-magnétique; il se
« manifeste dans les animaux qui, dans le rêve de
« leur vie sensuelle, éprouvent une existence plus
« ou moins sourde; mais c'est dans l'homme qu'il
« se manifeste de la manière la plus admirable, dans
« l'homme qui sent et pense en même temps, qui
« sait distinguer sa propre individualité de la nature
« objective, et porte déjà dans sa raison les idées, qui

---

[1] *Revue des deux Mondes*, 1ᵉʳ mars 1834. *De l'Allemagne
depuis Luther*, par H. Heine.

« se font aussi reconnaître à lui dans le monde des
« faits. Dans l'homme la divinité arrive à la con-
« science de soi-même, et cette conscience, elle la
« révèle de nouveau par l'homme. Mais cela n'arrive
« pas dans et par les hommes isolés, mais par l'en-
« semble de l'humanité, de telle sorte qu'un homme
« ne comprend et ne représente qu'une parcelle du
« *Dieu-monde,* mais que tous les hommes ensemble
« comprennent et représenteront dans l'idée et dans
« la réalité tout le Dieu-monde. Chaque peuple a
« peut-être la mission de reconnaître et de manifes-
« ter une partie de ce Dieu - monde, de reconnaître
« une certaine série de faits et de réaliser une cer-
« taine série d'idées, et de transmettre le résultat
« aux peuples suivants, auxquels une semblable mis-
« sion est imposée. Dieu est en conséquence le véri-
« table héros de l'histoire universelle. L'histoire n'est
« que sa pensée éternelle, son éternelle action, sa
« parole, ses faits; et l'on peut dire avec raison de
« l'humanité entière qu'elle est une incarnation de
« Dieu.... Aussi le but de toutes nos institutions mo-
« dernes est la réhabilitation de la matière, sa réin-
« trégation dans tous ses droits, sa reconnaissance
« religieuse, sa sanctification morale... Nous pour-
« suivons le bien-être de la matière, parce que nous
« savons que la divinité de l'homme se manifeste éga-
« lement dans sa forme corporelle... nous fondons
« une démocratie de dieux terrestres égaux en béa-
« titude et en sainteté... nous voulons le nectar et
« l'ambroisie, des manteaux de pourpre, la volupté

« des parfums, des danses, des nymphes, de la mu-
« sique et des comédies!.. »

§ 69.

Nous disions au commencement de ce travail :
l'histoire de la philosophie démontre que, hors de
la doctrine fondée sur les textes sacrés, tous les systèmes métaphysiques ont erré sur la première des
vérités, l'Être-Dieu, et aboutissent à un terme fatal, le panthéisme.

Or, nous avons vu ce panthéisme-protée tour à
tour mystique, intellectuel, rationnel, symbolique,
physique, se représenter partout et dans tous les
siècles, toujours le même au fond, toujours identifiant le créateur et la créature, l'infini et le fini, le
temps et l'éternité. Matérialisme, hylozoïsme, polythéisme; rationalisme indien, stoïcien, cartésien,
kantien; idéalisme des Brahmes, de l'Académie, de
la Cabale, d'Alexandrie, de la Germanie; mysticisme
antique, du moyen âge et des temps modernes; systèmes humains de tous les siècles, de toutes les
nations, de toutes les formes, tous divinisent la nature ou matérialisent la divinité, tous font un seul
Tout, de l'homme, de la nature, de Dieu et de l'u-
nivers.

Quand Dieu est tout, quand l'homme est Dieu,
tout est permis à l'homme, tout est dans son droit :
son pouvoir n'a de limite que son vouloir, son vouloir n'a de borne que son bon plaisir. Dès lors plus

de liberté morale : car où tout est bien, il n'y a
pas de choix possible. Plus de mérite ni de démé-
rite; tout est fatal, tout est indifférent, tout est
manifestation divine. Ce qu'on appelle *crime* est
nécessaire, comme ce qu'on décore du nom de
vertu : le fond, le but est le même; la forme, le
moyen change; la forme ni le moyen n'importent.

Vivre, jouir dans toute la plénitude de sa vie, de
tout et toujours, tel est le droit, la loi de l'homme,
proclamée par le spéculatif Hégel, aussi bien que
par le sensualiste Épicure. Apothéose de la chair,
culte des sens, adoration de la matière identifiée
avec l'esprit; telle est la conséquence fatale du panthéisme [1].

Toute doctrine se juge par ses fruits, comme
l'arbre. Le panthéisme antique s'est réalisé et jugé
par la profonde perversion, par l'immense déprava-
tion de l'empire romain. Le panthéisme moderne
non-seulement se juge par les conséquences que
ses sectateurs proclament eux-mêmes; mais il s'est
réalisé et se réalise encore dans la tendance matérialiste de la société actuelle, dans son goût effréné
des plaisirs et son insatiable amour de l'or, dans
la prédominance exclusive des intérêts matériels
seuls reconnus comme positifs, dans le dégoût
du devoir, dans l'oubli de la vraie destinée de
l'homme, dans la corruption des mœurs descen-
due des sommités au plus bas degré de l'échelle

----

[1] *Psychologie expérimentale,* par L. E. Bautain, t. I, p. 39.

sociale, où le suicide, dernière et nécessaire conséquence du panthéisme ou du droit souverain
de l'homme sur lui-même, est devenu plus fré-
quent qu'il ne l'a jamais été aux plus abominables
époques du paganisme.

§ 70.

Mais il y a trente siècles que le prophète a dit : « Ne
« vous laissez point emporter à la multitude pour
« faire le mal, et dans le jugement ne vous rendez
« point à l'avis du grand nombre pour vous détour-
« ner de la vérité[1]. »

La Vérité subsiste et subsistera.

Une doctrine, éternelle comme son Auteur, et ré-
velée par son éternelle parole, a proclamé à travers
les siècles, l'être, le verbe et la vie de Dieu dans
sa gloire ineffable. Elle seule[2] reconnaît et affirme
le rapport entre l'infini et le fini, entre le créateur
et la créature, sans jamais confondre ces deux
extrêmes. Elle seule comble l'abîme entre Dieu et
l'homme, entre l'homme et le monde, entre les
créatures intelligentes et libres et celles qui se trouvent sous la loi de la nécessité. Elle seule dévoile
le mystère de Dieu, de la créature humaine et du

---

[1] *Exode*, chap. XXIII, v. 2.

[2] *Philosophie du Christianisme*, t. I, p. 275 ; t. II, p. 234.
Voy. la question de la création traitée dans les lettres 33,
37, 38.

monde temporaire, en disant par la bouche du plus profond de ses docteurs [1] :

« Dans le Principe était le Verbe, et le Verbe était « avec Dieu, et le Verbe était Dieu. Il était dans le « principe avec Dieu. Toutes choses ont été faites « par lui. Dans le Verbe était la vie et la vie était « la lumière des hommes. Le Verbe était cette « vraie lumière qui éclaire tout homme venant en « ce monde. Il était dans le monde, et le monde a « été fait par lui, et le monde ne l'a point connu [2]. »

Aussi est-ce à cette idée de l'unité dans la trinité et de la trinité dans l'unité, si clairement exposée dans les paroles de l'apôtre, et incessamment proclamée depuis dix-huit siècles, que le panthéisme moderne

[1] *S. Jean*, chap. I.

[2] Et quid est? « In principio erat Verbum. » In quo principio? « Et Verbum erat apud Deum. » Et quale Verbum? « Et Deus erat Verbum. » Numquid fortè à Deo factum est hoc Verbum. Non. « Hoc enim erat in principio apud Deum.» S. Aug. oper. Basilæ 1541. *In Joan. Evang.* tract. III, 4. In principio fecit Deus cœlum et terram : quæri poest utrùm tantùm modò secundùm historiam accipiendum sit, an etiam figuratè aliquid significet, et quomodo congruat Evangelio, et quà causà liber iste sic inchoatus sit. Secundùm historiam autem quæritur, quid sit in principio, id est utrùm in principio temporis, an in principio, in ipsâ sapientiâ Dei, quià et ipse Dei filius principium se dixit.... principium sine principio solus pater est, ideò ex uno principio esse omnia credimus. *Id. De Genesi ad litter.*, c. III, col. 480. Voy. aussi *Sum. theol., S. Thomæ Aquin* Lugd. 1677, 1ª quæst. XXXIV, art. I, p. 80.

a voulu se rattacher pour se répandre dans le monde, avec l'autorité de la parole sacrée. « Le Dieu de la « conscience, dit un philosophe de nos jours, n'est « pas un Dieu abstrait, relégué par delà la création, « sur le trône désert d'une éternité silencieuse et d'une « existence absolue qui ressemble au néant même de « l'existence. C'est un Dieu à la fois vrai et éternel, « substance et cause, c'est-à-dire, étant cause abso- « lue, un et plusieurs, éternité et temps, espèce et « nombre, infini et fini tout ensemble, c'est-à-dire « à la fois, Dieu, nature et humanité. En effet, si « Dieu n'est pas tout, il n'est rien. — Un Dieu sans « monde est tout aussi faux qu'un monde sans Dieu. « — Tel est le fond même du christianisme : le Dieu « des chrétiens est triple et un tout ensemble, et « les accusations qu'on élève contre la doctrine que « j'enseigne, doivent remonter jusqu'à la Trinité « chrétienne[1]. »

Non, telle n'est pas la Trinité chrétienne! Non, ce n'est point là le dogme fondamental de la doctrine de Jésus-Christ.

En proclamant le Père, le Fils et l'Esprit, égaux en nature, un en substance et distincts en personnes ; en proclamant que le Père, le Fils et l'Esprit sont consubstantiels, un en trois et trois en un, un Dieu seul, unique et parfait, incréé, éternel, tout-puissant ; la doctrine chrétienne enseigne la

[1] V. Cousin, *Préf. des fragm. philosophiques. Nouv. fragm. philosophiques*, p. 72, 5ᵉ leçon, 1828.

génération éternelle de l'Être et pose en même temps l'infranchissable limite qui sépare le créé de l'incréé, le monde de Dieu.

En effet, suivant les paroles du dogme, Dieu est l'Être étant, existant, et vivant éternellement en lui, de lui, par lui, l'Être voulant, sachant et aimant ce qu'il est, en lui, de lui et pour lui.

L'Être universel s'engendre et se pose lui en face de lui-même, tel qu'il est, dans son infinité, son universalité, son éternité, sa perfection absolue.

En Dieu l'objet connu, le sujet connaissant, la connaissance qui naît de leur pénétration ; l'être qui aime, l'être aimé et l'amour qui les unit ; la puissance qui agit, le terme de l'action et l'action par laquelle ils se croisent et s'identifient, ne sont qu'un Dieu unique par la substance, triple par les termes et les relations. Tel est le Dieu absolu, le Dieu vraiment personnel, étant de lui, par lui, en lui, celui qui est, qui sera, et qui a été de toute éternité, avant l'homme, avant le monde, avant le temps, avant la création.

Mais le panthéiste, au lieu du Verbe-Dieu, type parfait de son Principe et consubstantiel avec lui, ne connaît que le Monde-Dieu, c'est-à-dire, Dieu réalisé dans la matière, Dieu manifesté dans les éléments, Dieu confondu avec sa créature, identifié avec son œuvre. Au lieu du rapport vivant et intelligent, de l'Esprit-Dieu, qui, procédant du Père et du Fils, les unit par le lien de l'éternel amour, le panthéiste ne conçoit que la réaction aveugle, le retour nécessaire et fatal des créatures vers le Créateur, qui reprend ce qu'il a donné, qui réabsorbe la vie qu'il a posée, l'existence par laquelle il s'est manifesté.

Dans cette fausse et monstrueuse Trinité de Dieu, du monde et de leur rapport, le fini et l'infini, le contingent et le nécessaire, la réalité et la vérité, le un et le multiple, le pur et l'impur, sont donc mêlés et confondus, sans que les trois termes qui la constituent puissent jamais se réduire à l'unité, n'étant point égaux en nature et en puissance; car il est absurde de dire que le monde fini, temporaire, contingent, dépendant, multiple, soit égal au Principe infini, éternel, nécessaire, absolu, un, qui l'a créé; comme il est impossible de dire pourquoi ce Principe infini et absolu, souverainement bon et parfait, a produit de sa propre substance, et posé hors de lui, un monde fini et limité, mixte et imparfait.

D'ailleurs l'idée panthéiste de la création est aussi fausse que l'idée de la trinité panthéiste. Pour le panthéiste, la création n'est qu'un déploiement, une évolution, une émanation de l'être absolu; le possible et le réel ont jailli de Dieu et en jaillissent perpétuellement, comme le ruisseau de la source, la lumière du foyer, l'éclair de la nue. Dès lors l'identité de la nature et de son principe, de Dieu et du monde qui est sa forme, est nécessaire et fatale.

Or (et telle est l'idée chrétienne de la création, qui, avec l'idée de la Trinité, peut seule préserver du panthéisme), non-seulement Dieu, dans son ineffable Trinité, se sait et se connaît lui-même en lui-même, immédiatement; non-seulement il a science et conscience de son être, de son Verbe, de sa vie; non-seulement il est lui, éternel objet de lui-même, éternellement uni à lui par la vie; mais encore il connaît son vouloir, il sait qu'il veut, ce qu'il veut, pourquoi il veut. Il a science de son idée, il exprime cette idée par son Verbe; et c'est l'idée que Dieu a de lui-même, de ce qu'il est et de ce qu'il veut, qui est le fondement de la *possibilité* du monde et de l'univers, comme le fondement de la *réalité* du monde est dans *l'expression* de cette idée par le Verbe, expression verbale de l'idée divine qui fait à proprement dire l'œuvre de la création. Dès lors la réalité du monde est devant Dieu, en face de lui, non comme objet identique au sujet, de la même nature que le principe, mais comme *non-moi* distinct à toujours du *moi absolu*, comme type du prototype, comme réalisation du plan qui est dans l'idée ou la sagesse divine, comme miroir posé par l'infini en face de lui-même pour réfléchir sa gloire[1].

Ainsi, tandis que les fausses doctrines de l'homme ont altéré, corrompu, perverti l'idée de la création et l'idée universelle de la Trinité dans l'unité; cette idée, qui préside à l'origine de toutes les idées générales dans l'intelligence, de toutes les notions pures dans l'entendement, des connaissances empiriques dans la raison, des images dans le souvenir;

---

[1] *Philosophie du Christianisme*, t. II, p. 242, 247.

cette idée, qui est la loi de la vue, de l'observation, de la contemplation, de la compréhension, de la réflexion, du jugement, du raisonnement, de la pensée, de la parole, de la volonté; cette loi philosophique du bien, du vrai, du beau qui se réfléchissent dans l'univers, dans les nombres et les dimensions du temps et de l'espace; cette loi essentielle des créatures intelligentes, de l'homme psychique et physique; cette idée, mère de la science métaphysique et de toute science, est présentée dans la doctrine chrétienne sous la forme la plus simple, la plus rigoureuse, la plus pure, la plus universelle, la plus analogue à nos facultés intellectuelles, aux lois physiologiques, logiques et morales, dans cette proposition dogmatique, enseignée dès le bas âge à l'enfant chrétien: Il n'est qu'un Dieu en trois personnes, le Père, le Fils et le Saint-Esprit, dont la gloire est infinie, la grandeur ineffable, la bonté souverainement aimable, le nom éternellement adorable!

TABLE DES MATIÈRES.